Mina Urban

Ehe ohne Sex

edition winterwork

Bibliografische Informationen der Deutschen Nationalbibliothek:
Die Deutsche Nationalbibliothek verzeichnet diese Publikation in der
Deutschen Nationalbibliografie. Detaillierte bibliografische Daten im In-
ternet über http://www.d-nb.de abrufbar.

Impressum

Mina Urban, »Ehe ohne Sex«
www.edition-winterwork.de
2. überarbeitete Auflage
© 2018 edition winterwork
1. Auflage © 2015 edition winterwork
Alle Rechte vorbehalten.
Satz und Umschlag: Otterbach Medien, Freudenberg, otterbachmedien.de
Foto Titelseite: © Max Riesgo - Fotolia.com
Korrektorat: Jutta Schmitt-Teiwes - just-uebersetzung.de
Autorenfoto: KaWa Fotography Make up: Lisa Johanna Hein
Frisur: Lisa Marie Wiesner
Druck und Bindung: winterwork Borsdorf

ISBN 978-3-96014-040-5

Mina Urban

Ehe ohne Sex

Irrtümer – Erfahrungen- Auswege

„Wenn du erkannt hast,
dass Dein persönliches Glück
nicht von anderen
und vor allem deren Urteil abhängt,
hast du einen ganz wichtigen Schritt
zur eigenen Befreiung getan."
Stéphane Etrillard

Inhalt

Einleitung

Mal eben ein Buch über Ehen ohne Sex schreiben, so einfach ist das nicht. Dieses Thema berührt sehr tief. Wir alle glauben an die Verbindung zueinander, die durch den Sex noch intensiver und gelebter wird. Oftmals von geschönten Zahlen und der Öffentlichkeit getäuscht, blicken wir verlegen auf den Boden, wenn wir über unsere eigene Ehe nachdenken. "Warum ist es nur bei uns so, dass die Lust nachlässt?", fragen wir uns dann verzweifelt und versuchen mit allen Mitteln die Wortlosigkeit, die zwischen uns eingekehrt ist, mit Selbstbetrug unter den Teppich zu kehren, anstatt den Tatsachen ins Auge zu sehen. Dass die erste Leidenschaft nach rund zwei Jahren einen normalen Pegel annimmt wissen wir mittlerweile alle. Doch uns einzugestehen, dass eine Ehe auch ohne den wöchentlichen Beischlaf gut sein kann, davon wollen wir nichts wissen.

Einige Menschen haben mich einen Moment in ihr Leben, Einblick nehmen lassen und das in einen ihrer intimsten Bereiche. Trotz der Berieselung mit nackten Menschen im Film und allen anderen Medien und obwohl heute bereits im Grundschulalter aufgeklärt wird, ist „über den eigenen Sex zu sprechen" eines der größten Tabus unserer Gesellschaft. Mir ist es selbst so ergangen, als ich in der Buchhandlung die Tüte für mein „Shades of Grey" ablehnte und freudestrahlend mit dem Buch in der Hand, einem hübschen Mann fast in die Arme gelaufen wäre. Sofort dachte ich: „Oh nein, was wird der jetzt über mich denken!" Dabei ist zu bezweifeln, ob er das Cover überhaupt erkannt hat. Wir möchten anderen nicht erzählen wie wir „es" treiben, es sei denn, wir wollen auf der Titelseite der Tagespresse stehen. Auch ich möchte von unseren Nachbarn nicht hören, wie oft oder wann sie zum Höhepunkt kommen. Trotzdem frage ich mich: Gibt es denn keine Ehen, die ohne Sex funktionieren? Wer hat je behauptet, dass das schlimm ist? Und bedeutet eine Ehe ohne Sexualität, dass es eine schlechte ist? Wenn ich hier von einer Ehe ohne Sex spreche, meine ich damit Paare, die drei oder viermal oder noch weniger Sex im Jahr haben. Damit liegen sie unter dem angeblichen Durchschnitt von einmal Beischlaf im Monat. Es kann auch bedeuten, dass es gar keinen gibt und sich die Partner lediglich selbst befriedigen.

Ich erinnere mich an meine Eltern und die oft traurige Bemerkung meiner Mutter: „Dein Vater hat spät angefangen, deshalb hat er auch früh aufgehört." Damit war auch seine mangelnde Fähigkeit, Zärtlichkeiten zu zeigen gemeint. Meine Mutter meinte also, das Desinteresse meines Vaters rühre daher, dass er erst mit 40 Jahren entjungfert wurde.

Der Vater eines Freundes erzählte mir mit traurigen Augen „Wir hätten ja auch noch mal probiert, wenn wir mehr Platz gehabt hätten." Damit erklärt er, dass sie nur zwei Kinder bekommen haben. Es hört sich so an, als hätte er nach dem zweiten Kind nicht mehr dürfen, was sich dann mit seinem Prostataleiden sowieso erledigte.

Meine Tante sagte mal: „Was sollte ich denn machen, ich konnte nicht einfach meinen Mann verlassen." Sie erinnert mich daran, dass wir Frauen heute mit guten Verhütungsmitteln ausgestattet, in der Regel frei und unbefangen mit unserer Sexualität umgehen können. Auch die Sex-Spielzeuge, die neu erfunden oder angeboten werden, übertreffen sich in Form, Farbe und Ausführung.

Letztendlich musste ich meine eigene Ehe unter die Lupe nehmen. In unserer gemeinsamen Zeit gibt es Höhen und Tiefen, und das nicht nur im Bett. Die Zeiten ohne Sex sind für mich große Wandlungsphasen, die ich nicht missen möchte. Ich sehe sie als eine Chance, mich selbst wieder zu finden und danach meinen Partner wieder neu zu entdecken. Schließlich verdanke ich jener Zeit auch dieses Buch. Doch beim Schreiben wurde mir irgendwann klar, dass wir lieber über anderer Leute Sex reden, als über den eigenen. Deshalb werden sich Freunde und Leser fragen: „Warum schreibt die so ein Buch, ist sie selbst davon betroffen?" Meine möglichst ehrliche Antwort auf diese Frage wird maßgeblich zum Erfolg dieses Buches beitragen. Ich gebe der „Ehe ohne Sex" ein Gesicht.

Noch ein kleiner Hinweis an alle Leserinnen: Nicht ärgerlich sein, weil ich Worte wie „Partner", nur in der männlichen Form benutze. Alles was ich schreibe, gilt auch für uns Frauen. An meine männlichen Leser: Ich schreibe schon mal sehr aus weiblicher Sicht, sorry ich bin halt eine Frau.

Wie alles anfing

Alles fing damit an, dass ich einen kleinen Roman geschrieben habe. Darin träumt sich die Protagonistin Sabine zu anderen Männern hin, weil sie in ihrer Ehe keinen Sex hat. Sie hat keinen, weil ihr Mann nicht will. Natürlich sind meine eigenen Erfahrungen in die Geschichte mit eingeflossen, trotzdem ist es keine Autobiografie, weil die Geschichte zum größten Teil frei erfunden ist. Bei einer Online-Leserunde stellte ich zu meinem Erstaunen fest, dass ein Drittel aller Leserinnen mit den Träumen gar nichts anfangen konnten. Tagträume, meine Berufsgrundlage, sind für manche Frauen nicht existent. Sie konnten Sabine natürlich nicht verstehen. Haben sogar aufgehört zu lesen. Das zweite Drittel der Leserinnen konnte sich durchaus vorstellen, dass es so was gibt und das letzte Drittel war begeistert. Eigentlich ein gutes Ergebnis für meinen Debütroman, trotzdem störte mich etwas. Keine Frau sprach über das eigentliche Thema: Die Ehe ohne Sex! Sollte es das nicht geben, oder sprach einfach keiner darüber? Ich fragte meine Leserinnen, ob sie mit Freundinnen über den Sex in ihrer Ehe sprechen. Das Ergebnis war eindeutig: „Nein" oder „selten, wenn überhaupt, dann nur mit sehr guten Freundinnen". Frauen reden nie so miteinander, wie in der berühmten Serie: „Sex and the city". Diese Soap hat in Männerköpfen viel angerichtet. Oft erlebe ich, dass Männer denken, ihre Sexkünste würden im Freundinnenkreis der Partnerin durchgesprochen. Das stimmt nicht. Ganz im Gegenteil. Und das, obwohl wir in einem Teil der Erde leben, indem an Sextechnik alles bekannt und sogar erlaubt ist.

Das war nicht immer so. Allzu weit brauchen wir da nicht zurückgehen. Als meine Mutter 1950 einen Sohn fast unehelich bekommen hätte, brach eine Welt zusammen. Ein Kind ohne Trauschein geboren, undenkbar. Sie musste heiraten. Richtig gelesen: sie musste. Der Druck, diese Schande zu begleichen war zu groß. Falls ihr Vater aus dem Krieg gekommen wäre, sollte alles in Ordnung sein. (Die Ehe hielt nicht, dem verdanke ich mein Leben. Das sei nur nebenbei bemerkt.)

Die Erfindung der Pille und die Bewegung der 60er Jahre hat zur Freiheit in Sachen Sex beigetragen. Freiheit bedeutet nicht automatisch, dass die Toleranz steigt. Minderheiten werden auch heute von einer großen Masse diskriminiert. Einzelpersonen, die sich zu einer intoleranten Aussage hinreißen lassen, erleben einen Flashmob. Auch das ist ein Grund, warum wir über unser sexuelles Leben nicht öffentlich reden wollen. Zu groß ist die Angst, nicht gemocht oder gar angegriffen zu werden.

Warum es so schwer ist, über Sex zu sprechen

Sind Ihre Eltern noch mobil und fit? Das freut mich. Wann hatten die beiden das letzte Mal Sex? Wie, darüber reden Sie in Ihrer Familie nicht?

Schon mit den engsten Vertrauten reden wir kaum über eines der wichtigsten Dinge in unserem Leben. Dabei sollten die Eltern uns darauf vorbereiten und uns Wegweiser sein! Oder? Wie reden Sie denn mit ihren Kindern über dieses Thema? Laufen Sie alle schon mal nackt durch die Wohnung? Oder lesen Sie gemeinsam ein Aufklärungsbuch? Meinen Glückwunsch, wenn es so ist. Meist fällt uns auch das sehr schwer.

Die eigene Scham, die anerzogene Schuld, etwas Verbotenes zu tun, die Angst, etwas falsch zu erklären oder der Glaube, dass das, was im Schlafzimmer passiert, keinen etwas angeht, verhindern Gespräche, die für uns alle sehr heilsam und bedeutungsvoll sein könnten. Roswitha Neitzel und Lennart Cole schreiben in ihrem Buch: "Lümmel, Luder, Lust" über den Protagonisten Ayk, der einer zufälligen Begegnung, Anouk, aus seinem Leben erzählt. Er beschreibt seine Erfahrungen mit dem Thema: "Wie sollte ich mehr lernen? Welche Wege kann ich gehen zu lernen, wenn keine Offenheit da ist, sich auch in Sachen Lust offen auszutauschen, Lust offen zu begegnen. Dazu war irgendwie keiner, den ich fragte in der Lage oder ich fand stets die Falschen."

Geschichtliche Hintergründe

Im 18. Jahrhundert rieten damalige Pädagogen, die Körperteile mit den lateinischen bzw. griechischen Begriffen zu beschreiben und das auch nur, wenn es nicht anders möglich war. So wurde aus der „Rute" der Penis. Leider habe ich keine Quelle gefunden, die Auskunft gibt, wie die Vagina früher genannt wurde. Das spätmittelhochdeutsche Wort „mutze", welches Vulva bedeutet, aus dem später Möse wurde, könnte ein Hinweis sein. Die bis 1750 noch praktizierte Form der Hexenverfolgung könnte ebenso dazu beigetragen haben, dass schon die Aussprache sexueller Praktiken jemanden in Verruf bringen konnte. Schließlich wurde Frauen, die analen Sex bevorzugten, nachgesagt, mit dem Teufel Verkehr gehabt zu haben. Dass dies für die damalige Zeit eine gute Schwangerschaftsverhütungsmethode war, konnte dem damaligen Klerus nicht gefallen. Noch mehr unschätzbares Wissen, z.B. über die Heilkraft von Kräutern, ging damals in Flammen auf. Es verwundert also nicht, dass man versuchte, die Begriffe zu vermeiden, um nicht erneut Unruhe zu entfachen.

Nicht besser steht es um die Worte, die den Akt beschreiben. „Ficken", „Vögeln" oder „Poppen", solche Begriffe gelten als verpönt. Meine Mutter (sie ist 85 Jahre alt), als sie mein erstes Buch gelesen hatte, warf mir vor, ich begäbe mich auf ein niedriges Niveau, weil ich einmal die Worte "Schwanz" und "Pflaume" in sexuellem Sinne verwendete. Auf ihre Frage: „Welches Thema hat denn dein nächstes Buch?", antwortete ich schlicht: „Das willst du nicht wissen!" Seitdem fragt sie mich ständig danach.

Eine offene, tabulose Kommunikation wünschen sich viele, doch fehlt es uns an den entsprechenden Bezeichnungen. Deshalb bedienen sich neuere Bücher mit den nicht belasteten Wörtern aus dem Sanskrit: Yoni und Lingam. Diese Begriffe sind noch nicht von Vorurteilen, Vorstellungen oder Gefühlen belegt. Bei der Frage: „Was gefällt uns selbst?", suchen wir nicht nur die passenden Worte, sondern oftmals auch das Gefühl für uns selbst. Die Durchschnittsfrau, ähnelt eben nicht den Modellen, die uns täglich in Form von geschönten Bildern über den Weg laufen. Deshalb behalten wir den BH beim Sex an. Oder machen schnell das Licht aus. Auch der Durchschnittsmann bleibt von diesem Trend nicht verschont, wie die ansteigenden Zahlen der Herren-Kosmetikbranche verraten.

Meine liebsten Freundinnen, die mich alle gut kennen und mich als mutig bezeichnen, weil ich solche Bücher schreibe, finden es zwar toll und wechseln dann aber schnell das Thema. Ganz oft muss ich mich mit meiner Begeisterung zügeln, um nicht die persönliche Grenze meines Gegenübers einfach unaufgefordert zu überschreiten. Sehr zu meinem Erstaunen stelle ich immer wieder fest, wie viel lockerer Männer mit dem Thema umgehen. So sprach erst kürzlich mein alter Freund Karl zu mir: „Glaube mir: Essen ist der Sex des Alters".

Beim Anheizen mit Worten, das "Dirty Talk" genannt wird ("dirty" = schmutzig, dreckig), sprechen wir: "Mach mir den Tiger" oder "Schluck, du Luder" und haben sofort ein Bild im Kopf. Fantasie heizt an. Immer mehr Paare haben eben dadurch verruchte und verbotene Gefühle, die sie anregen (oder auch Schuld hervorrufen) können. Die SMS mal eben zwischendurch an den Partner, in der wir auf verpönte Ausdrücke zurückgreifen, entdecken immer mehr Paare als Lustgewinn.

Ich sollte erst einmal für mich selbst herausfinden, was mir gefällt. Ob ich dann meinem Mann oder meiner Frau berichte, dass ich mir gern mal einen "Dreier" wünsche oder "oral" befriedigt werden möchte, liegt einzig und allein an dem, was ich meinem Partner zumuten kann und will. Und von dem, was ich denke ihm zumuten zu können, damit es ihn nicht verletzt (siehe Kapitel Fantasie). Der Grund, warum es uns verletzt, liegt nicht nur an mangelndem Selbstwertgefühl, sondern auch an unserer Erziehung.

Die Erziehung, falsche Vorstellungen und die Angst

Mit Sexualität, wie mit der Liebe, verbinden wir viele unterschiedliche Vorstellungen. Von klein auf lernen wir, unsere Bedürfnisse geheim zu befriedigen. Kuscheln ist erlaubt. Sich selbst mit dem eigenen Geschlechtsteil zu vergnügen, das geht oftmals nicht. Wenn wir kluge Eltern hatten, dann durften wir uns wenigstens unter der Bettdecke selbst entdecken. Offene Gespräche über eines der wichtigsten Themen überhaupt, das erleben in ihrer Kindheit nur wenige. Bei Mädchen, mit denen der Vater immer gerne schmuste und herumtollte, musste dieses vielleicht feststellen, dass diese Nähe endete, sobald das Mädchen ihre Periode bekam. Der Vater hatte Angst in falschen Verdacht zu kommen. Ein Junge der, noch klein, öfter seinen Kopf auf den Busen der Mutter legen durfte, darf dies als Heranwachsender plötzlich nicht mehr. Weil die Mutter befürchtet den Sohn zu stimulieren. Obwohl die „technische" Aufklärung schon früh beginnt fehlen die Gespräche mit den Kindern z.B. über die eigene Angst. Aufklärung ist nichts, was wir mit einem Satz erledigen können. Sie ist eine der größten Aufgaben, die Eltern bewältigen müssen. Wir sollten mit unserem Nachwuchs reden, und zwar über die eigenen Erfahrungen mit der Liebe und der Sexualität. Und noch viel wichtiger: Wir sollten erklären, was der Unterschied zwischen Liebe und Pornografie ist. Kinder die schon früh positive Erfahrungen machen konnten, weil sie offene Antworten auf Fragen erhalten, lassen sich von „Pornos" nicht so sehr beeindrucken. Sie haben gelernt zu unterscheiden.

Auf die Frage unseres zehnjährigen Sohnes: „Mama, über was schreibst denn du?", musste auch ich erst einmal nach Worten suchen. Das ist gar nicht so leicht, denn spätestens dann, wenn die Schulkameraden meiner Kinder hämisch mit dem Finger auf sie zeigen, weil ihre Mutter „Sexbücher" schreibt, sollten sie stark genug sein, dem eine Antwort entgegensetzen zu können. Reine Technik hilft dabei nicht. Hier geht es um Gefühle. Starke Emotionen, die wir erleben und verarbeiten müssen, um uns nicht von ihnen überwältigen zu lassen.

Auch eine andere Angst lernte ich kennen. Deniz hat mir geschrieben. Er ist 35 Jahre alt und stammt aus einer türkischen Familie. Seit seinem 16. Lebensjahr ist er bisexuell und lebt dies auch aus. Er würde es gern offen leben. Er sagt: „Aus Angst, dass es öffentlich wird, spreche ich mit keinem darüber. Wenn meine Familie etwas darüber erfahren sollte, würde sich mein ganzes Leben von jetzt auf gleich ändern. Nicht nur meine Familie sondern auch Freunde würden mich verstoßen. Dass ich mit keinem darüber sprechen kann, belastet mich sehr."

Damit ein Zusammenleben mit den Personen, von denen wir abhängig sind, besser möglich ist, passen wir uns an. Menschenkinder sind heute länger von ihren Eltern abhängig, als das früher der Fall war. Wir lernen schon in frühester Kindheit, unsere Gefühle zu zügeln. Es sind Gefühle wie Wut, Trauer, Lust oder Scham. Gelingt es uns nicht, unsere Gefühle zu kontrollieren, fühlen wir uns schuldig, denn wir wollen uns anpassen. Nicht nur im Elternhaus nehmen wir Rücksicht, sondern auch im Kindergarten, in der Schule, im Studentenwohnheim usw. Es kann also auch passieren, dass unsere Kinder mit der Pubertät in eine coole Clique kommen. Ab dann bestimmt diese über Normen, wie Aussehen und Verhalten. Erst, wenn wir erwachsen und unabhängig sind, passen wir uns nicht mehr automatisch an, sondern entdecken immer mehr unsere Persönlichkeit. Allerdings bedeutet diese Unabhängigkeit nicht, dass wir dann leichter über unsere Sexualität reden können. Wenn es dumm gelaufen ist, haben wir nie gelernt, darüber mit jemandem zu sprechen.

Zwar lesen wir gerne von den Liebesproblemchen öffentlicher Personen, wir reden also gern über einander. Wir reden gern miteinander, doch über unseren eigenen Sex reden wir fast nie.

Der Weltbestseller „Shades of Grey" schlug plötzlich eine Brücke zu dem Thema. Auf einmal können wir über ein Buch sprechen und müssen uns nicht gleich selbst ins Rampenlicht stellen. Auch unser Scham- und Schuldgefühl wird dabei nicht in Mitleidenschaft gezogen. Schließlich reden wir hier um ein junges, verliebtes Paar und nicht über unsere Ehe. Kaum eine Frage wird sooft mit einer Lüge beantwortet wie die: „Wie oft haben sie Sex?"

Warum ist das so? Ganz einfach: Sexualität, Jugendlichkeit, gutes Aussehen und ein Beruf mit gutem Gehalt gehören zu den Dingen, die uns glücklich machen. So wird es uns, Tag ein Tag aus, eingeredet. Immer wieder. Beispiele von schlanken tollen Schauspielerinnen oder Modells, die uns ihr Glück in Hochglanzmagazinen unter die Nase reiben, sterben nicht aus. Sie werden immer jünger. Und ich? Ich werde immer älter. Da muss wenigstens im Bett alles stimmen. „Im Durchschnitt hat jedes Paar einmal in der Woche Sex." Dieser Meinung passe ich mich schnell an, sollte meine Freundin doch mal auf den Gedanken kommen, zu fragen: „Wie oft treibt ihr es denn so?" Mehr an Auskunft gibt es nicht. Denn ein Paar, das lange Zeit zusammen ist, teilt intime Geheimnisse miteinander. Manchmal entsteht sogar eine richtige Geheimsprache daraus. Ein Blick genügt und der andere weiß Bescheid. Würde einer der Partner diese Geheimnisse ausplaudern, käme dies einem Verrat gleich.

Würden wir alles offenlegen, würden wir nicht nur unseren Partner bloßstellen und tief verletzen. Es würde uns zudem angreifbar machen. Wir müssten uns ständig rechtfertigen oder unsere Ansichten würden ins Lächerliche gezogen. Die Angst nicht der Norm, also dem Durchschnitt, zu entsprechen, ist groß. Die Bereitschaft einer Gruppe, über einzelne herzufallen, ist größer geworden. Online-Portale machen es noch einfacher möglich, die persönlichen Grenzen anderer zu verletzen, ohne selbst dafür belangt zu werden. Ganz gleich, ob diese rauchen, gern Fleisch essen oder homosexuell sind. Es macht Angst, von einer Masse angegriffen zu werden. Deshalb ist es auch nicht schlimm, zu schwindeln. Schwindeln, um nicht aufzufallen innerhalb einer Gruppe, in der wir uns sicher fühlen. Sollten wir uns selbst belügen, verwundert das nur.

Sehr belustigend finde ich, wenn alle die Wahrheit zu Gunsten der Allgemeinheit verdrehen und daraus ein falsches Bild entsteht. So wie im Falle der großen Fastfood-Restaurants, deren Essen ja angeblich nicht gut ist und deren Filialen überall zu finden sind. So ist es auch bei Befragungen zu unserem Sexleben. Alle haben wir guten erfüllenden Sex. Das stimmt so nicht. Eine von theratalk.de durchgeführte Umfrage unter Männern und Frauen, bei der von "frisch verliebt" bis zur "Goldenen Hochzeit" alle befragt wurden, ergab im Durchschnitt einmal Sex die Woche. Was glauben Sie, welche Zahl zu lesen wäre, würden wir nur die Eheleute zählen? Einmal im Monat?

„41 bis 50-jährige bringen es gerade noch auf zwei bis drei Intimkontakte pro Monat – und diese Angaben dürften noch geschönt sein." Dies schreibt Jörg Zittlau in seinem Buch: „Wer braucht denn noch Sex?" Auch die Annahme, es seien nur Männer, die unzufrieden mit ihrem Sexleben sind, täuscht. 65% der Männer und 54% der Frauen, die eine feste Partnerschaft haben, empfinden es als Problem, dass einer der beiden Partner keine Lust auf Sex oder weniger Lust auf Sex als der andere hat. (Quelle: www.theratalk.de) Hätten Sie das gedacht?

Die Schwierigkeiten der Kommunikation

Miteinander reden ist wahrscheinlich die effektivste Methode, um Missverständnisse aus der Welt zu schaffen. Gäbe es da nicht einen großen Haken. Mann und Frau (in den meisten eingetragenen Partnerschaften ist die Konstellation so) sprechen auf unterschiedlichen Ebenen. Männer sind meist sehr sachbezogen und Frauen gefühlsbetont. Frauen verweigern oft deshalb den Sex, weil sie sich emotionale Reaktionen wünschen. Hat er ihr z. B. noch in der Werbephase fürsorglich seine Jacke um die Schulter gelegt, sagt er vielleicht Jahre später: „Wieso denkst du auch nicht an deine Jacke?" und lässt sie zittern. Männer hören mit der Zeit auf, mit ihrer Frau zu reden: „Was soll ich denn mit meiner Frau besprechen?" In einer Beziehung lässt die Aufmerksamkeit gegenüber dem Partner im Laufe der Jahre einfach nach. Dabei spielt es keine Rolle, ob die Paare verheiratet sind, oder nicht.

Über jemanden, der viel reden kann, heißt es: „Das Herz liegt ihm auf der Zunge." Aber wir kennen es auch umkehrt: „Das Wort blieb ihr im Halse stecken." Oder: „Er hatte einen Frosch im Hals." Wenn uns wirklich etwas tief in unserem Herzen berührt, sind wir nicht in der Lage, darüber zu sprechen. Ich behaupte einfach, dass beim Sex in der Ehe auch die Liebe betroffen ist. Wer sich ein wenig mit fernöstlicher Medizin auskennt, der versteht, dass sich die Chakren (Energiezentren) im Körper von unten nach oben beeinflussen. Sobald also das Herz (also die Liebe) berührt ist, geht von da aus bis zum Scheitel gar nichts mehr. Deshalb sind auch keine klaren Gedanken mehr zu fassen. Das kann so lange gehen, bis es einfach aus uns herausbricht. Dann sagen wir Dinge, die den anderen verletzen, weil wir uns selbst verletzt fühlen.

Umgekehrt beeinflussen sich diese Energiezentren ebenso von oben nach unten. Wer zu viele Gedanken im Kopf hat oder ständigem Stress auf der Arbeit ausgesetzt ist, wird abends nicht einfach runterschalten und sein sexuelles Energiezentrum in Wallung bringen können.

Das Sakralchakra (also das zweite Energiezentrum von unten, dort, wo die Geschlechtsorgane sich befinden) steht in direktem Zusammenhang zum Halschakra. Oftmals haben Menschen, die ein Problem mit ihren Geschlechtsorganen haben, auch Probleme mit der Stimme, den Atemwegen oder der Schilddrüse. Umgekehrt haben Menschen mit Schilddrüsenproblemen oftmals auch starke Menstruationsschmerzen oder Prostataleiden. Gefühle wie Hass, Schuld, Eifersucht, Rache, Leidenschaft oder der Mangel an Sexualität entziehen unserem Sakralchakra sehr viel Energie. Unmittelbar damit verbunden ist das Halschakra (das fünfte Energiezentrum in Höhe des Kehlkopfes), welches für die Seele, für Kreativität und Wahrheit steht. Da beide Zentren so stark miteinander verbunden sind, kann dies auch ein Grund dafür sein, warum es uns so schwer fällt, über unseren Sex zu reden.

Natürlich ist Reden, sobald es auf gegenseitiger Wertschätzung beruht, am besten geeignet, um dem Partner sein Interesse zu zeigen. Dazu gehören jedoch leider zwei. Ich selbst habe schon erlebt, wie Paare um das Design der neuen Küchentürgriffe drei Tage lang diskutiert haben.

Ein geschlechterspezifisches Problem ist auch die andere Kommunikationsebene. Während wir Frauen uns mit unserem Sprachstil an der Zugehörigkeit und dem Projekt (also unserer Liebe, nämlich dem Mann) orientieren, sind für den Mann der Rang und die Position ausschlaggebend. Frauen wollen begehrt werden und möchten dies auch verbal mitgeteilt bekommen. Während für Männer die einmal erreichte Position innerhalb einer Beziehung keine Diskussion mehr wert ist. Der Mann ist einfach gestrickt und zu viele Worte verwirren ihn nur. Männer wollen gebraucht werden und wollen dies in Taten beweisen.

Beides hat mit bedingungsloser Liebe nichts zu tun, denn diese fordert weder Taten noch Zugehörigkeit.

Auf einer Party eingeladen, sah ich eine Freundin bewundernd an. Sie hatte ein schönes Dekolleté, welches deutlich mehr Blicke auf sich zog, als sonst. Ihr Ehemann verschlang sie förmlich mit Blicken und meine Fantasie hat die Geschichte weitergesponnen. „Würde er ihr nun sagen, wie schön er sie fände, dann könnte sie im rechten Augenblick starke Kopfschmerzen bekommen, damit beide die Party verlassen könnten. Dies resultierte in Zeit, die die beiden gemeinsam gut nutzen könnten." Die Wirklichkeit sah anders aus. Mit genug Alkohol im Blut fing der Ehemann meiner Freundin an, zu rauchen und sie sagte: "Nein, einen Aschenbecher küsse ich nicht." Ich gebe zu, meine Fantasie kennt keine Grenzen.

Beim Miteinanderreden geht es nicht darum, Recht zu behalten, sondern um Zuhören und Verstehen. Daraus kann dann gemeinsam eine Lösung gefunden werden. Wie wir wissen, ist dies ist nicht einfach, wenn die Emotionen hochkochen.

„Komm Schatz wir reden über unser Sexleben! Wann kann ich es dir mal wieder richtig besorgen?" So sprechen wir doch alle mindestens einmal die Woche miteinander, oder? Das Problem ist: Sexlosigkeit beginnt schleichend. Wir merken es erst gar nicht. Vielleicht wurde gerade ein Kind geboren. Vielleicht war ein Partner eine Woche mit Grippe im Bett. Vielleicht arbeiten beide zu viel. Wenn einen dann irgendwann die Lust übermannt, fangen wir an zu überlegen: "Wann war denn das letzte Mal?" An das allererste Mal kann sich jeder erinnern. Vielleicht sogar mit Datum und wie es dazu kam. Aber an das letzte Mal? Wenn schon ein paar Wochen dazwischen sind? Wird schwieriger, nicht wahr?

Jedes Paar hat seine Zeichen. Das funktioniert nonverbal. Wenn sich ein Paar küssen will, dann schafft es das. Einer fängt an, und der andere geht darauf ein. Mimik, Gestik und Gebaren sind zu Beginn einer Liebe sehr feinfühlig und wir achten auf jede Rührung unseres Gegenübers. Mit nachlassender Lust verschwindet die Fähigkeit, diese Zeichen zu deuten. Wie eine

Sprache, die wir bei unregelmäßigem Nutzen verlernen, wissen wir plötzlich nicht mehr, wie wir als Paar bis zum Sex kommen können.

Nach Wochen versuchen wir, uns unserem Partner wieder zu nähern. Mal durch Kuscheln oder Küssen. Mal ein wenig länger küssen als sonst. Doch unser Partner wendet sich plötzlich ab. Vielleicht sagt er noch: „Komm, lass mal…" oder „Och nee, nicht heute…". Der Partner fühlt sich bedrängt. Wir selbst fühlen uns zurückgewiesen und das macht das Miteinanderreden, nicht leichter. Wir kriegen kein Wort heraus. Wir ziehen uns gekränkt zurück. Christian Thiel schreibt in seinem Buch: „Wieso Frauen immer Sex wollen und Männer immer Kopfschmerzen haben", dass gerade die erste Reaktion, nach einer Zurückweisung entscheidend ist für die weiteren Aktivitäten eines Paares. Wir sollten also den Partner, der uns zurückgewiesen hat, belohnen, damit er sich angenommen fühlt: z.B. „Du magst heute nicht? Hattest einen stressigen Tag? Soll ich dir die Füße massieren, damit du entspannen kannst?" Damit fühlt sich der Partner angenommen und verstanden. Meinen Partner zu belohnen, das habe ich nicht geschafft. Es zwanzig Mal zu verstehen, bevor mir der Kragen platzte, schon. Leider schreibt Herr Thiel nicht, was ich tun kann, wenn ich das Belohnen versiebt habe.

Emotionalität ist also keine gute Voraussetzung für ein „Beziehungsgespräch". Schon allein der Satz „Schatz wir müssen mal reden!" kann vor allem bei einem Mann Fluchtreflexe auslösen. Sollten wir es dann doch mal geschafft haben und fragen: „Warum schlafen wir nicht mehr miteinander?" und es folgt nur ein „Ich weiß nicht.", hätten wir auch mit der Hauswand reden können. Reden ist also nicht immer ein guter Rat. Vor allem dann, wenn nicht nur der Sex sondern auch die gemeinsamen Gespräche eingeschlafen sind.

In ihrem Buch: „Make more Love" schreiben die Autorinnen über die Sprachen der Liebe. Jeder Mensch empfindet Zuneigung anders und jeder zeigt Liebe auf seine eigene Weise. Für den einen sind Zärtlichkeiten ein Liebesbeweis, für den anderen sind es die Blumen oder kleine Geschenke. Manche Menschen brauchen Lob, wieder andere wollen dem Partner helfen. Im Grunde wissen wir ganz genau, was der andere erwartet. Sich auf das zu besinnen, kann sehr hilfreich sein, wenn die Fronten auf Sex-Entzug stehen.

Miteinander schlafen ist wie ein gutes Gespräch, bei dem beide am Ende auseinandergehen und sagen: „Das hat mir was gebracht, das können wir gern noch einmal wiederholen!" Das ist die Theorie. Die Praxis sieht oft anders aus. So, wie es in einem Gespräch nur so von Missverständnissen hageln kann, so geht es auch im Bett nicht ohne nachzufragen. Einfühlungsvermögen ist uns meist angeboren. Es bedeutet aber auch, unsere ganze Aufmerksamkeit auf unser Gegenüber zu lenken. Sich selbst zurückzunehmen in einer Zeit in der das: "Sich-Selbst-Ausleben" ganz hoch im Kurs steht.

Viel einfacher ist es immer wieder, das schon Erprobte zu wiederholen: „Was bei der Uschi klappte, gelingt auch bei der Vera." - „Justus war keine zu schade, alle Männer sind eben schwanzgesteuert." Aus Angst, den soeben gefundenen Traumgefährten wieder zu verlieren, reden wir nicht über das, was eine Beziehung sehr gut am Laufen halten kann.

So werden auch Vorlieben des Partners entweder mitgemacht, obwohl sie einem gar nicht gefallen oder einfach abgelehnt. Es gibt viele Frauen, die niemals ein Glied in den Mund nehmen würden, ebenso, wie es Männer gibt, die ihre Partnerin nie mit der Zunge befriedigen würden. Vorurteile, schlechte Erfahrungen und unsere Eltern haben wesentlichen Anteil daran, wie offen und vorbehaltlos wir miteinander über das Thema reden können und wollen.

Es gibt Gründe warum wir nicht über Sex sprechen:

- wir haben es nie gelernt
- wir teilen Geheimnisse mit unserem Partner, würden wir sie erzählen, käme das einem Verrat gleich
- Angst davor, dass andere mit unseren intimen Details nicht vertrauensvoll umgehen
- Angst, ausgegrenzt zu werden
- Angst, etwas falsch zu erklären
- Angst, den Partner zu verletzen
- Angst, den Partner zu verlieren
- wir schämen uns
- wir wissen nicht, was uns selbst gefällt
- wir haben verlernt, die Zeichen des Partners zu deuten
- wir wollen „normal" erscheinen
- miteinander respektvoll und wertschätzend reden fällt schwer, weil das Thema so emotional belastet ist.
- wir glauben, den Partner so gut zu kennen und meinen, ihn wortlos zu verstehen
- wir glauben, wenn wir uns nur genug lieben, dann klappt das auch mit der Kommunikation

Wie spreche ich über das Thema?

Gespräche - Teil I:

Wie schon erwähnt, habe ich Paare und Einzelpersonen gesucht und gefunden, die mit mir gesprochen haben. Um sie zu schützen, wurden deren Namen fast alle verändert. In diesem Buch geht es nicht darum, zu bewerten oder zu verachten. Es gibt viele verschiedene Ansätze, an das Thema heranzugehen. Wenn beide Partner ohne Sex leben können, ist dies sicher die einfachste Sache der Welt. Wenn ein Partner leidet, ist es eine Aufgabe, die es zu bewältigen gilt. Hier stehen traurige neben Mut machenden Geschichten von Personen, die ich kennenlernen durfte und die mich allesamt sehr tief berührt haben.

Vielleicht kann ich dazu beitragen, dass wir es gar nicht mehr so schlimm finden, wenn in unserer Ehe etwas verloren geht, von dem viele behaupten, es sei wichtig und elementar für eine Beziehung.

Vielleicht kann ich denen, die leiden, zeigen: Ihr seid nicht allein.

Vielleicht kann ich dem einen oder der anderen Anregungen geben, um über sich und das Thema nochmals nachzudenken.

Und vielleicht schaffen wir es mithilfe dieses Buches, offener miteinander zu reden.

Lörchen ist jetzt 65 Jahre alt. Sie ist schlank, sieht jünger aus und strahlt. Sie lacht viel, ist lustig und trägt Fingernägel mit einem Ton zwischen hell grün und hell gelb lackiert. Sie wurde in Kamp-Linfort geboren, ist in Krefeld aufgewachsen und lebte mit ihrem Mann in Duisburg. Wir kennen uns schon einige Jahre und ein wenig wusste ich aus ihrem Leben, deshalb ist es mir leicht gefallen, sie als Erste zu befragen. Sie erzählt: "Ich war 13, als ich meinen späteren Ehemann kennenlernte. Damals fand ich ihn bekloppt! Wie das immer so ist: Als ich 17 war, heirateten wir. Sex, das erlebte ich nur so: Drauf springen, Rappeln und fertig. Ich habe fünf Kinder geboren. Leider haben nur zwei überlebt." *Bei diesen Sätzen werden ihre sonst so strahlenden braunen Augen ein wenig traurig.* " Wir lebten von dem Gehalt meines Mannes. Ich konnte die Kinder erziehen. Ich hatte noch zwei Pflegekinder angenommen, das war es, was ich wollte. Als ich 38 Jahre alt war, wurde mein Mann krank. So krank, dass er keine Lust mehr hatte.

"Ich hab dich lieb, aber ich kann nicht mehr, ich gehe ins Bett.", so sagte er immer. Dabei streichelte er mir kurz über den Kopf. Das war es. Ab da war mein "Frau-Sein" zu Ende. 25 Jahre keine Zärtlichkeiten mehr. Ich fühlte mich in die Ecke gestellt. Abgewertet. Nicht mehr begehrt. Durch die Krankheit meines Mannes fing ich wieder an, Vollzeit zu arbeiten. Mein Mann hatte vorher ein gutes Gehalt, das war nun vorbei. Ich verdiente nun den Unterhalt. Dafür kochte er für uns alle. Ich arbeitete sogar noch, als ich krank wurde, mein damaliger Chef stellte mich vor die Wahl: "Entweder du kommst arbeiten, oder du gehst." Ich brauchte das Geld.

Nein, ich hätte meinen Mann nie betrogen. Daran habe ich nie gedacht. Obwohl ich mit 101 männlichen Kollegen zusammenarbeitete. Mit einem Verheirateten hätte ich sowieso nichts angefangen. Selbstbefriedigung? Das kannte ich gar nicht. Ich wurde zu einem Objekt, das nur noch funktionierte. Für die Kinder, für den Mann und für die Arbeit. Wenn ich ihn einfach in ein Pflegeheim gegeben hätte, dann hätte ich nicht mehr in den Spiegel schauen können. Das wäre wie Verrat gewesen. Mein Mann war lieb, hat alles für mich getan. Er sagte einmal sogar zu mir: "Wenn du mal einen kennenlernst, der kann hier einziehen. Ich koche für euch." Ich war empört. Heute verstehe ich: Er muss mich sehr geliebt haben. Natürlich habe ich oft mit mir gehadert, ob das alles so richtig ist, ob ich mich zu sehr opfere. Aber ich konnte daran nichts ändern. Blasen-, Unterleibs- und Drüsenkrebs habe ich überlebt. Als ich 58 Jahre wurde, machte die Firma zu. Es drohte Arbeitslosigkeit. Schon in der Krebstherapie entdeckte ich meine Leidenschaft: Nordic Walking. Wir zogen in eine Ferienwohnung ins Grüne und ich machte mich selbständig. Das war zuerst nicht leicht. Doch jetzt läuft es.

Mein Mann ist vor zwei Jahren dann doch recht plötzlich verstorben. Auch für mich ein großer Knacks. Ich verunglückte und brach mir gleich zweimal das Bein. Während der Operation erlitt ich einen Schlaganfall. Fünf Mal wurde ich am Herzen operiert. Die Ärzte sagten mir, ich würde nicht mehr laufen können. Doch ich wollte meinem Mann nicht folgen. Ich wollte leben. Ich trainierte jeden Tag, oft mit Tränen in den Augen. Zwei Jahre war ich krank. Doch ich laufe wieder. Ich habe feste Gruppen, die ich trainiere und arbeite für verschiedene Universitäten, denen sende ich meine Daten zu Forschungszwecken. Ich kann alles machen und ich habe sogar Sex. Nach all den Jahren den wundervollsten Sex überhaupt. "Juchu, ich kann fliegen", dachte ich. So schön ist es, wieder begehrt zu werden. Ich lerne mich als Frau neu kennen. Dinge, die ich noch gar nicht kenne. Ich bin sogar zum ersten Mal in ein Beate Uhse Geschäft gegangen. Mein Motto heißt nun: Leben, Lachen, lustig sein und vor allem: Genießen.

Ich habe Visionen. 2020 möchte ich nach Dubai fliegen.
Wenn ich so darüber nachdenke, dann hatte ich ein Scheißleben. Ich habe nur funktioniert, auf vieles verzichtet. Das möchte ich jetzt nicht mehr. Ich war verklemmt und frustriert.

Ich kann keiner Frau raten, sie solle aushalten. Es kommt immer auf die Situation an.

Diese 25 Jahre waren nicht vergebens. Ich war einfach noch nicht reif für den Sex, den ich heute nicht mehr missen möchte.

Ob Sex und Liebe dasselbe ist? Nein. Sex ohne Gefühl geht bei mir nicht! Aber ein Quicki ohne Gefühle geht. Wenn man liebt, ist alles anders, dann will man, dass der Partner glücklich ist."

Vera lernte ich bei einer Online-Leserunde zu meinem Ro-
man kennen. Ihre Antwort auf meine Frage: „Redet ihr mit an-
deren Frauen über den Sex in eurer Ehe?" beantwortet sie so:
„Ich rede mit meinem Arzt darüber, da ich leider einen bösarti-
gen Unterleibskrebs hatte und da war erst mal nichts mit Sex
und nach der Hysterektomie und Adnexektomie erst mal auch
wieder nichts und Sex wird sowieso überbewertet ..." *Das er-*
mutigt mich, Vera nach einem Interview zu fragen. Sie ist sofort
bereit und sogar ihr Mann wird mit mir reden. Theo und Vera
öffnen mir beide die Tür. Sie sind mir direkt sympathisch. Die
beiden lernen sich vor fast 12 Jahren auf einer Silvesterparty
kennen. Eigentlich hatte Vera gerade die Nase voll von Män-
nern. Ihre erste Ehe steht vor dem Aus. Sie ist nur ihrem Chef
zuliebe mit auf die Party gegangen. Doch Theo ist begeistert von
dieser lebenslustigen und schönen Frau. Für ihn ist es Liebe auf
den ersten Blick. Die anfängliche Abwehr Veras stört ihn nicht.
Er sucht im neuen Jahr immer wieder ihre Nähe. Allmählich öff-
net sie sich für sein Werben. „Plötzlich fand ich ihn so süß", *sagt*
sie, „weil er sich so um mich bemüht hat."- *Er berichtet:* „Ich bin
Servicetechniker und oft unterwegs. Nach sechs Wochen Costa
Rica hatte ich eine Woche Urlaub. Den wollte ich mit Vera und
ihrem Sohn verbringen. Tja und in der Woche haben wir dann
unseren Sohn gezeugt." *Beide lachen sich an.*

Und wirken immer noch wie frisch verliebt. Sie sitzen neben-
einander halten Händchen. Ihre Finger kreuzen sich dabei. Beide
geben sich einen Kuss. Vera sagt: „Als wir frisch verliebt waren,
haben wir die Zeit nur im Bett verbracht."

Zwei Tage nach Veras Scheidung heiraten die beiden. Theo
hat zu diesem Zeitpunkt Schulden. Doch die beiden schaffen es.
Sie können sich sogar eine Wohnung kaufen. Veras Sohn aus
erster Ehe lebt mit darin. Die anfängliche große Lust aufeinan-
der wandelt sich in ein normales Maß.

„Mein Mann kann so gut bügeln", *lacht Vera beim Erzählen,*
„da habe ich schon mal gesagt: Wenn du mir den Korb Wäsche
bügelst, dann darfst du." *Theo grinst verschmitzt.*

Vor drei Jahren dann der Schock. Eigentlich sollte nur ein angeblicher Leistenbruch operiert werden. In dem Fragebogen, der vor der Operation ausgefüllt werden soll, steht die Frage: Leiden Sie an Asthma? In Veras Familie sind schon einige an Lungenkrebs verstorben. Sie wird unsicher, weil sie im Moment so schwer Luft bekommt. Vorsorglich geht sie zum Lungenfacharzt. Der will sie gar nicht mehr gehen lassen. Ihre Diagnose: Die Chance in fünf Jahren noch zu leben liegt unter 15 Prozent.

Vera sagt: „Da denkt man nicht ans Essen oder an seine Kinder. Geschweige denn an Sex. Da denkt man nur noch an die Krankheit!" *Vera ist keine leichte Patientin.* "Ich bin dickköpfig, starrsinnig, ungeduldig und neugierig", *so sagt sie über sich selbst. Sie will wissen, was mit ihr los ist. Besteht auf einer Hormontherapie statt der Chemo. Sie wird etliche Male operiert. Sie durchleidet psychisch sehr viel. Natürlich hat sie Angst, zu sterben. Sie will sich nichts mehr kaufen, weil sie denkt, der Kauf wäre Geldverschwendung. Nach einer weiteren Operation wird sie vom Personal in ein Einzelzimmer verlegt.* „Ich habe die so sehr genervt mit meinen Fragen!" *sagt sie.*

Ganz entgegen der Diagnosen geht es Vera ganz gut. Sie weigert sich, von den Krankenschwestern im Rollstuhl gefahren zu werden. Theo erzählt: „Einmal kam ich nach einer Operation in die Klinik, da saß sie angezogen auf dem Bett und ich fragte: 'Und was nun?' Da sagte sie: 'So jetzt wäschst du mir die Haare!'" *Theo hält immer zu ihr. Seine Chefs geben ihm frei. Er kümmert sich um den Sohn und übernachtet bei Vera im Krankenhaus, weil sie sich im Einzelzimmer auf der Sterbestation isoliert fühlt. Sie verbringen eine Reha zusammen. Theo hat sogar Angst, sie könnte sich was antun.* „Einmal kam ich nach Hause und die Wohnungstür stand auf. Ich habe sie überall gesucht. Sie war nicht zu finden. Ich habe gedacht: Jetzt hat sie sich das Leben genommen. Beim Nachbarn habe ich sie dann gefunden. Die beiden haben nur miteinander gequatscht." *Vera strahlt ihren Mann an, als er erzählt.*

Auf ihr Drängen hin wird endlich entdeckt, woher die Geschwüre in der Lunge kommen. Sie bekommt die Gebärmutter samt Eierstöcken entfernt. „Das hat mir nichts ausgemacht. Kinder wollte ich eh keine mehr. Ganz im Gegenteil das konnte nur Vorteile haben. Keine Verhütung mehr, in einem Rutsch durch die Wechseljahre und endlich keine Monatsblutungen mehr."

Durch die Hormonbehandlungen werden Veras Scheidenschleimhäute trocken. Sex tut ihr weh und es blutet sogar. „Ich will ihr nicht weh tun", *sagt Theo,* „dann lege ich lieber selbst Hand an. Liebe braucht nicht unbedingt Sex. Na ja vielleicht einmal im Jahr."

Vera meint: „Ich muss nicht stöhnen beim Sex. Unsere Nachbarn hören wir schon mal um vier Uhr morgens." *Theo dazu:* „Nein, das gefällt mir auch nicht. Es gibt keinen perfekten Sex. Da wird uns viel im Fernsehen vorgespielt." *Zärtlichkeiten tauschen die beiden trotzdem miteinander aus. Er füttert sie mit seinem Kuchen. Die beiden turteln vor meinen Augen.*

„Manchmal flüstert er mir Chupeta ins Ohr", *erzählt Vera. Der in Brasilien aufgewachsene Theo möchte dann gern oral befriedigt werden.* „Ich bin dann wahrscheinlich zu lustlos, er sagt dann immer: das hat keinen Zweck mit dir! Ein Porno turnt uns nicht an, ganz im Gegenteil wir lästern dann eher über das Aussehen der Darsteller und lachen uns kaputt", *strahlt Vera und Theo lacht dazu.*

„Wäre ich gestorben, dann hättest du jetzt eine Neue!", *sieht sie ihren Mann an.*

„Nee", *sagt Theo langgezogen,* „ich denke gar nicht an andere. Auch nicht, wenn ich unterwegs bin." *Und Vera meint:* „Wir wissen immer, wo der andere ist und was er gerade macht!"

Das einzige, was die beiden sich zugestehen, sind Schauspieler oder Nachrichtensprecherinnen als Schwarm. Überhaupt wünschen sich beide gegenseitig einen neuen Partner, sollte einer sterben. Doch für sich selbst schließen sie es aus.

„Nein, wäre Vera gestorben, dann wäre ich allein geblieben."

„Würde Theo sterben, dann möchte ich keinen anderen mehr."

„Wir sind so verrückt, mit uns würde sowieso kein anderer zurecht kommen", *lacht er und sie stimmt zu. Alle Vierteljahre versuchen die beiden die Kopulation. Dann legt Vera ein Handtuch unter und sie nehmen viel Öl dazu. Er ist dann sehr vorsichtig und sie reden miteinander.* „Hast du Schmerzen", *fragt er sie dann.* „Fünf Minuten halte ich schon mal durch, auch wenn es weh tut." gesteht sie. Beide sprechen ganz offen darüber.

„Ich habe viele Freundinnen, die sind da viel verklemmter als wir. Ich könnte dir ganz viele Paare nennen, bei denen nichts mehr läuft. Die leben wie Bruder und Schwester zusammen, aber das bedeutet ja nicht, dass die Ehe schlecht ist. Das Leben ist eben kein Picknick. Streit und Krankheit gehören auch dazu, das ändert nichts an der Liebe zu meinem Mann. Klar streiten wir auch schon mal, über Kleinigkeiten, das kommt nicht so oft vor. Meist gefallen uns die gleichen Dinge. Wir denken sogar oft dasselbe." *berichtet Vera. Und Theo ergänzt:* „Auch wenn Vera nicht krank geworden wäre, dann wäre der Sex weniger geworden. Weißt du noch? Früher brauchtest du ihn nur anfassen, dann stand er schon. Und heute schläft er manchmal noch." Beide lachen und geben sich erneut einen Kuss. „Ich habe gar nicht das Bedürfnis, Vera zu betrügen. Ich liebe sie so, wie sie ist."

Matthias ist groß, blond und somit das, was allgemein als Frauentyp bezeichnet wird. Er hat so funkelnd blaue Augen, dass mich sein Blick auf angenehme Weise berührt. Es ist einer dieser Blicke die signalisieren: „Hmm".

„Ich war gerade 22, als wir heirateten. Meine Frau war genauso jung wie ich. Ich sehnte mich nach einer Familie. Meine Mutter war gestorben, als ich 14 war und mein Vater konnte danach nicht mehr aufhören zu trinken. Meine Frau lebte in einer heilen Familie. Ich liebte sie wirklich. Wir zogen in das Haus der Schwiegereltern ein. Alles schien gut. Leider war mein Bedürfnis nach Sex größer, als das meiner Frau. Manchmal hatte sie Angst, ihre Eltern würden was hören, ein anderes Mal tat ihr der Rücken weh. Etwas anderes als Missionarsstellung kam gar nicht in Frage. Nach der Geburt unserer Tochter hörte sie ganz damit auf. Sie hatte, glaube ich, einfach keine Lust darauf und war so prüde erzogen. Damals war ich Gebietsleiter im Verkauf. Ich besuchte jeden Tag andere Filialen. Die tollsten Verkaufsleiterinnen machten mir schöne Augen. Sollte ich da 'Nein' sagen? Der absolute Kick für mich ist, wenn eine Frau erst ganz ablehnend reagiert. Irgendwann kann sie meinem Charme nicht widerstehen. Nein, ich hatte kein schlechtes Gewissen meiner Frau gegenüber. Wäre sie offener gewesen, dann hätte sie mich ja haben können. Ich habe gutes Geld verdient. Ihr fehlte nichts, mir aber schon.

Meine Ehefrau hat mich nie gefragt: „Wo kommst du jetzt erst her?" Vielleicht wäre ich dann zur Vernunft gekommen. Schon nach dem ersten Betrug hätte ich meine Frau verlassen sollen. Doch ich bin geblieben und habe den Schein aufrecht gehalten. Schließlich fühlte ich mich ja auch wohl zuhause. Sie hat mir ein Heim gegeben. Irgendwann zwischendrin wollte sie nochmal. So kam unser Sohn zustande. Dann war wieder Schluss. In 25 Jahren Ehe habe ich meine Frau mit weit mehr als 20 Frauen betrogen. Kurz vor der Silberhochzeit reichte meine Frau die Scheidung ein. Ich hatte für eine von ihr betriebene

Boutique gebürgt. Die Schulden zahle ich heute noch ab. Natürlich will ich für meine Kinder immer da sein. Ich habe versucht, es ihnen zu erklären. Die Tochter konnte es nicht verstehen, mit meinem Sohn habe ich guten Kontakt.

Liebe ist ein großes Wort. Liebe und Sex sind nicht immer dasselbe. Für meine Liebe zahle ich noch immer die Schulden. Ich kann sagen: meine Frau und ich sind quitt."

Britta ist 42 Jahre, sie ist nun seit genau dreizehn Jahren mit ihrem Mann verheiratet. Die beiden lernten sich kennen, als Britta neu in die große Stadt gezogen war und Freunde suchte.

„Damals gab es noch Annoncen in der Zeitung. Single sucht Single. Da habe ich tatsächlich ein paar nette Leute gefunden. Wir haben uns einmal in der Woche getroffen. Dann sind wir alle Essen gegangen oder ins Theater. Mein Mann war auch dabei. Irgendwann sind wir dann mal ohne die anderen ausgegangen. Wir waren beide erstaunt, wie gut wir uns verstanden. Wir sprachen manchmal sogar die gleichen Worte aus und lachten immer viel. Das geht uns auch heute noch so. Obwohl wir uns schon eine Weile kannten, machte es plötzlich zoom. Wir zogen zusammen in eine Wohnung und heirateten nach einem Jahr. Eigentlich war alles traumhaft.

Dass mein Mann auf Nylonstrumpfhosen stand und schon mal Pumps beim Sex trug, störte mich nicht weiter. Ganz im Gegenteil: Wir haben alles miteinander ausprobiert. So oft es ging, waren wir beieinander. Nach der Geburt unseres Sohnes habe ich erst gar nicht bemerkt, dass sein Interesse an mir nachließ. Da hat man als Frau ja auch genug mit sich und dem Kind zu tun. Erst nach der Geburt des zweiten Kindes dachte ich: ‚Hier stimmt was nicht'. Nur mit Widerwillen konnte ich ihn verführen. Ich suchte die Schuld bei mir. Der Körper verändert sich nach zwei Geburten. Ich hatte 10 Kilo mehr auf der Waage. Die trainierte ich wieder ab. Doch auch das änderte nichts. Mein Mann war fast abweisend. Verweigerte sogar das Küssen. Ich fragte ihn, was los sei, doch er zuckte nur mit den Schultern. Mir zuliebe machte er sogar einen Hormontest bei einem Urologen. Er ist zehn Jahre älter als ich und ich dachte, er ist sicher in den Wechseljahren. Doch die Untersuchung brachte nur ein Ergebnis: Der Testosteronspiegel meines Mannes ist normal.

Dann irgendwann habe ich ihn erwischt. Er zog sich gerade den Rock aus. Bei den Strumpfhosen und Pumps war es nicht geblieben. Zuerst war ich gekränkt. Fühlte mich als Frau kopiert und sogar erniedrigt. Mit Tränen in den Augen gestand er mir, dass er sich in seinem Körper nicht wohl fühlt. Er hat eine ganze Kollektion an Frauenkleidern vor mir versteckt. Gern wollte er so mit mir schlafen. Mit einem Mann in Frauenkleidern schlafen, das geht für mich nicht. Zuviel von meinen Idealvorstellungen müsste ich aufgeben. Ich suche eigentlich den Beschützer. Viel später habe ich verstanden, dass ich durch die Geburt der Kinder wieder viel weiblicher geworden bin. Das gefällt mir gut. Früher war ich hart, hatte viele männliche Einstellungen angenommen. Mein Mann ist schon immer weicher und sanfter gewesen als ich. Das hat sich auch mit den Kindern nicht geändert. So leben wir, was unseren Sex angeht, nebeneinander her. Er masturbiert allein, meist wenn die Kinder und ich im Bett sind. Und ich habe einen kleinen Vibrator im Bett der mir meine Freuden schenkt, wenn mein Mann noch fernsieht. Es gab eine Zeit, da hätte ich am liebsten jeden Mann angesprungen, vielleicht hätte ich ihn sogar betrogen, wenn ich mich in einen anderen verliebt hätte. Doch ich liebe meinen Mann, auch wenn er sich mehr als Frau fühlt. Er belastet uns nicht damit, sondern macht alles heimlich. Im Moment vermisse ich den Sex nicht. Einmal im Jahr vielleicht, dann kommen wir mal zusammen, aber es bringt uns eigentlich nichts.

Vielleicht ändert sich das mal, wenn die Kinder aus dem Haus sind. Jetzt ist es alles gut, so wie es ist. Lieben geht ohne Sex. Sex ist nur ein kleiner Teil von Liebe.

Anonyme Mitteilungen erreichten mich ebenso:

"Ich habe 2011 meinen Traummann geheiratet. Es war alles Top zwischen uns, sexuell gesehen. Dann wurde ich im November 2011 krank. Brustkrebs. Da wurde der Sex schon weniger. Im Jahr danach bekam ich ein Rezidiv, also nochmal weniger. Jetzt seit einem Jahr keinen Sex mehr. Das tut mir so weh und ich weiß nicht warum. Er ist acht Jahre älter als ich und sagt immer, er braucht das nicht mehr, aber er kann seine Frau nicht so stehen lassen mit 45. Was soll ich noch tun? Ich weiß keinen Rat mehr?" LG

oder dieser Satz hier:
„Hallo, wir führen eine Ehe ohne Sex. Würde mich aber nicht öffentlich namentlich outen."

oder
„Von einer Ehe ohne Sex halte ich nichts!"

In Gesprächen versichert mir der eine oder andere: „Damit habe ich keine Probleme!" oder „Na, da muss der Partner schon krank sein, wenn das nicht funktioniert!" oder „Ehe ohne Sex? Umgekehrt ist es mir lieber!"

Ich kann nur hoffen, dass alle, die bis hier her gelesen haben, verstehen, worum es geht. Hier geht es nicht darum, ein Für und Wider der Ehe ohne Sex zu diskutieren. Das ganze Thema ist so umfangreich, dass ich erst einmal sortieren musste. Dazu gehört etwas, mit dem sich fast alle auskennen. Jeder hat früher oder später seine Erfahrungen damit gemacht, kann berichten und Tipps geben. Dieses Ding heißt: SEX.

Was ist Sexualität?

Laut Wikipedia: „Unter Sex (englisch für den lateinischen Begriff *sexus*, deutsch: *Geschlecht*) versteht man die praktische Ausübung von Sexualität. Im allgemeinen Sprachgebrauch bezeichnet Sex sexuelle Handlungen zwischen zwei oder mehreren Sexualpartnern, insbesondere den Geschlechtsverkehr und vergleichbare Sexualpraktiken, in seltenen Fällen die Masturbation. Sex erfüllt zahlreiche Funktionen: Er befriedigt die Libido, dient in Form des Geschlechtsverkehrs der Fortpflanzung und drückt in der Regel als wichtige Form der sozialen Interaktion Gefühle der Zärtlichkeit, Zuneigung und Liebe aus. Besonders in Liebesbeziehungen kann das Sexualleben eine zentrale Rolle als Ausdruck der Verbundenheit der Partner spielen. Er ist jedoch nicht ausschließlich an Liebesbeziehungen bzw. Partnerverbundenheit gekoppelt."

Soweit das Zitat. Rein sachlich beurteilt dient die Verschmelzung von Mann und Frau der Befruchtung, um daraus Nachwuchs zu produzieren. Realistisch betrachtet ist dies nicht mehr nötig, da die Reproduktionsmedizin schon so weit fortgeschritten ist, dass wir für den Zeugungsprozess diese Art der Verschmelzung nicht mehr brauchen. Eizellen und Sperma können gut eingefroren werden.

Dem deutschen Facebook-Nutzer ist es möglich, seinen Sexus zu wählen. Er kann nicht mehr nur zwischen dem Geschlecht: männlich oder weiblich wählen. Nein, er hat nunmehr die Auswahl von 58 verschiedenen Begriffen. Angefangen von „androgyn" über „pangender" bis hin zu „zweigeschlechtlich". Darüber hinaus können wir uns das jeweilige Pronomen, also ihr oder ihm oder beides, hinzu klicken. Für den Beziehungsstatus stehen uns gerade einmal neun verschiedene zur Verfügung. Angefangen bei "Single" bis zu "verwitwet".

Philosophen streiten sich darum, ob Sexualität ein Grundbedürfnis ist, das der Geist besiegen kann oder doch nur ein Trieb, dem wir nicht entkommen können.

Für manche „Sexarbeiter" bedeutet dieser Trieb schlichtweg einen gesicherten Lebensunterhalt.

Für Esoteriker ist die Sexualität ein Austausch von Energien. Bei einer innigen Umarmung, bei der Herz an Herz liegt, kommen unsere Chakren (Energiezentren) zusammen. Verbinden wir uns noch körperlich dazu, verschmelzen wir sozusagen mit Geist und Körper. Das lädt alle unsere Speicher auf und wird landläufig als erfüllender Sex bezeichnet. Das es auch auszehrenden Sex gibt, bei dem der eine hauptsächlich vom anderen nimmt oder wir uns benutzt fühlen und ein Gefühl von Fremdheit und Einsamkeit erleben, bleibt meist unerwähnt.

Liebe und Beziehung gehören zu den seelischen Grundbedürfnissen eines Menschen, Sexualität sehen wir als Bestandteil dessen.

Sobald Körper Geist und Gefühl beim Sex zusammenkommen, gilt er als vollkommen. Wir streben Vollkommenheit an, weil sie die Polarität auflöst. Gut und Böse, Nähe und Distanz, Lust und Unlust spielen dann keine Rolle mehr. Jeder, der ein Hobby hat, sich mit Musik beschäftigt, gerne liest oder Sport treibt, kennt dieses Phänomen, dass sich fast nur sonst noch durch Meditation erreichen lässt. Beim Sex kommt noch etwas Entscheidendes hinzu: Wir zeigen uns Gegenseitig unsere verletzlichsten Körperteile. Wir liefern uns unserem Partner praktisch aus. Und noch viel mehr wir verbinden uns miteinander.

Vollkommenheit wollen wir in der Liebe und in anderen Lebensbereichen erreichen, denn der goldene Mittelweg scheint die Garantie für ein glückliches und ausgeglichenes Leben. Doch jedes Paar, egal ob verheiratet oder nicht, muss diesen Mittelweg als Ausgleich zwischen den Polen selbst finden, den ganz eigenen Weg zwischen Liebe und Lust suchen. Paare erleben auf diesem Weg viele Höhen und Tiefen. Dabei teilen sie intimste Momente miteinander, die eine Art Geheimnis sind, das es vor Einblicken Fremder zu schützen gilt.

Der Austausch von positiven Energien spielt beim wöchentlichen Beischlaf allerdings nur noch für die wenigsten eine Rolle. In den Betten unserer Jugend geht es vor allem um den ultimativen Kick in Sachen Sex. Analsex, der noch vor Jahren einer kleinen Minderheit vorbehalten war, kehrt immer mehr in die Schlafzimmer ein. Wir können alles ausprobieren und sind auch willens, dies zu tun. Sex-Aktivitäten gelten als Garant für eine aufregende, junge und glückliche Beziehung. Blümchen-Sex steht für Langweile und Routine, denen wir alle nur noch Negatives abgewinnen können. Die Vorstellung, von dem, was normal ist und dem, was als pervers betrachtet wird, ist von Kultur zu Kultur verschieden. Die Grenze zwischen Normalität und Perversion verschiebt sich ständig.

Menschen, die sehr selbstsicher sind und Paare, die sich ihrer Beziehung zueinander sicher sind, brauchen weniger Sexualität als andere. Also dient „Begehrt werden" nicht nur dem Nachwuchs und dem Energieaustausch, sondern auch der Persönlichkeit. Wir holen uns die Anerkennung von außen und fühlen uns gut, schön und attraktiv. Das macht uns jung und glücklich. Dem, so scheint es, streben wir im Moment alle nach.

Der Orgasmus

Die Krönung der Verschmelzung zweier Geschlechter ist der Orgasmus. Er ist uns und anderen Säugetieren möglich, zu erleben. Wobei der Mensch, von der Dauer und der Ausführung her betrachtet, sicher eine beeindruckende Form dieses „Geschenks der Götter" erhalten hat.

Für einen Mann bedeutet ein Orgasmus: Entspannung, Frustabbau, Einschlafhilfe oder Anerkennung. Das lernt er schon in der Pubertät. Während das „Orgasmus erleben" für Mädchen schon anatomisch viel schwieriger ist. Manche müssen lange probieren, bis sie wissen, wie das mit ihrem Höhepunkt funktioniert, andere hoffen, dass ein Partner ihnen einmal erklären kann, wie es klappt und einige erreichen ihn niemals. Frauen lernen, ihren Orgasmus zu zelebrieren und wissen, wie störanfällig sie sind. Wenn sie mit einem Mann schlafen, spüren sie emotionale Verbundenheit.

Kurz nachdem ich in einem E-book beschrieben habe, dass der vorgespielte Orgasmus eine Belohnung für den Partner ist, las ich von der Studie, die besagt, dass besonders die eifersüchtigen Partner den Orgasmus vorspielen, um den anderen an sich zu binden. Eine Studie belegt, dass bei Paaren, die sich gegenseitig zum Orgasmus bringen, der Botenstoff Prolaktin viermal höher ist, als nach Selbstbefriedigung. Dieser Botenstoff ruft Ruhe, Behaglichkeit und Zufriedenheit hervor. Das klingt doch recht klug von Frauen, die sich dies zu nutzen machen. Trotzdem glaube ich immer noch an folgende Gründe, die zu einem Vorspielen des Höhepunktes führen

- Sie oder er (mittlerweile gibt es auch schon Männer, die den Orgasmus vortäuschen) möchte den Partner für seine Anstrengungen belohnen.
- Sie/er möchte zum Ende kommen.
- Sie möchte ihrem Partner zeigen, wie gut sie im Bett ist.
- Höchstens 30% aller Frauen (von zehn Frauen nur drei) kommen allein durch die Penetration (Penis rein raus) zum Höhepunkt. Die Zahl der Männer, die ihrer „Rute" aber zutrauen, dies zu schaffen, liegt immer noch bei 80 %. Was bleibt Frau anderes übrig, als zu schauspielern?

Zitat aus „Verschmähte Träume": „Aufwand und Ertrag müssen immer im Verhältnis stehen! Das ist Sabines Meinung. Dinge müssen einfach sein, aber eine große Wirkung haben. Kocht sie zum Beispiel Marmelade, klebt ihre ganze Küche, als hätte sie ein Glas mit flüssigem Honig fallen lassen. … Dieser Aufwand lohnt sich für sie nicht. Denkt sie allerdings an den Orgasmus, ist das alles nicht mehr so einfach. Denn sie braucht mindestens 20 Minuten intensiver Stimulation und das Ergebnis sind höchstens 20 Sekunden erfüllte Erregung. Diese 20 Sekunden entsprechen gerade mal 1,66 Prozent von den 20 Minuten Aufwand, die sie oder ein Partner dafür erbringen muss. Beim Mann sieht das Verhältnis nicht anders aus. Und trotzdem scheint es da etwas zu geben, das immer wieder antreibt, diesen Aufwand allein oder zu mehreren zu betreiben, um dieses kurze Wohlgefühl zu erreichen."

Sex fördert die Gesundheit. Wollten wir jedoch die positive Wirkung nutzen, müssten wir täglich mit unserem Partner schlafen. Ob es dabei zum Höhepunkt kommen sollte oder nicht, bleibt meist unerwähnt. Ich unterscheide zwischen Sex mit und ohne Orgasmus. Das kann ich vergleichen mit dem Duschen. Frauen können duschen mit oder ohne Haare zu waschen. Beides hat seine Vorteile. Dies gehört sicher zu den größten Unterschieden zwischen weiblicher und männlicher Betrachtungsweise.

Im Gegensatz zum Fischverzehr oder der Bewegung, die uns ebenfalls als gesundheitsförderlich empfohlen werden, gibt es beim Orgasmus kein Wochenmaß. Die Entscheidung darüber trifft unsere Libido und der zur Verfügung stehende Partner (oder wir selbst). Mittlerweile ist es erwiesen, dass es für die Gesundheit keine Rolle spielt, ob der Höhepunkt allein oder mit dem Partner erlebt wird. Intensiver ist er meist jedoch allein. Denn keiner kennt uns so gut, wie wir uns selbst. Die Frauen und Männer, die mit Hilfe des Partners in der Lage sind, Mehrfachorgasmen zu produzieren und die 30 Prozent aller Frauen, die vaginal zum Orgasmus kommen können, lasse ich außer Acht. Jeder Mensch hat innerhalb seiner sexuellen Entwicklung einen gewissen Rahmen, in dem er sich bewegt. Ähnlich einem Bilderrahmen, der unser Selbst eingrenzt. Dieser verändert sich mit den Erfahrungen, die wir sammeln. Es können selbst durchlebte Erkenntnisse sein oder auch die anderer, von denen wir lernen. Innerhalb dieser Grenzen können wir uns frei und lustvoll bewegen. Das ist alles ganz toll, sobald wir einen Partner finden, der ungefähr dieselben Vorstellungen besitzt, wie wir selbst. (Also wenn unser Partner einen ähnlichen Rahmen hat.) In der Praxis wird die Kluft zwischen denen, die schon ein „Dessous" als anstößig empfinden, und denen, für die z.B. „Anales" zum Bereich des Alltäglichen gehört, immer größer. Es wird schwieriger, annähernd gleiche Rahmen zu finden. Dazu kommt noch, dass sich die Prioritäten innerhalb einer Partnerschaft dermaßen verschieben können, dass wir nicht mehr bereit sind, unsere Erfahrungen zu erweitern. Wir ziehen uns mehr auf uns selbst zurück. Wir versuchen, uns neu zu finden und das zur Not mithilfe anderer Partnerschaften oder indem wir den eigenen Partner ausschließen.

Innerhalb einer Beziehung gilt es also, den gemeinsamen sexuellen Rahmen immer wieder aufs Neue zu überprüfen. Die Grenzen neu auszuloten und vor allem, die Grenzen des anderen zu respektieren. Wer ständig versucht, die Grenze des anderen zu überschreiten, um seiner eigenen Lust zu frönen oder den anderen zu überzeugen, braucht sich nicht zu wundern, wenn der gemeinsame Rahmen immer enger wird. Anders herum, wer ständig seinen eigenen Rahmen klein hält, weil er Angst vor dem Unbekannten hat, braucht sich nicht wundern, wenn der Partner sich einen Partner sucht, dessen Grenzen den eigenen entsprechen.

Auch für kommende Generationen wird dieses Thema nicht leichter und ich wünsche mir für die Zukunft eine Brille, die den Rahmen sichtbar werden lässt. Wer noch moderner ist, versucht es mal mit Reden. Siehe oben.

Sehr lustig kann es auch sein, den Rahmen seiner Mitmenschen auszuloten. So zum Beispiel auf dem Elternabend zum Thema Sexualerziehung in der Grundschule, wenn von 25 Elternpaaren nur drei anwesend sind, oder Sie versuchen einfach mal, einen Sexspielzeugabend zu organisieren. Sie werden sich wundern, welche Menschen in ihrer unmittelbaren Umgebung offen darauf eingehen. Es sind immer andere, als Sie erwartet hatten.

Können wir unsere Beziehung auch durch den Austausch von Zärtlichkeiten frisch halten? Die eindeutige Antwort: JA. Das viel beschriebene Bindungshormon Oxytocin, wird nicht nur beim Beischlaf ausgeschüttet, sondern auch schon bei einem Kuss. Die Paare, die sich durch Petting gegenseitig befriedigen, leiden sicher nicht an einem Mangel an Dopamin und Testosteron.

Was hat Sex mit Verantwortung zu tun?

Nacktheit macht schutzlos. Wer sich mir nackt zeigt, der hat keine Waffen. Er zeigt sein Vertrauen zu mir und liefert sich mir in gewisser Weise aus. Das ist beim Liebesakt natürlich beiderseitig so. Vertrauen ist eine der wichtigsten Voraussetzungen für freien und ungezwungenen Sex. Ich vertraue darauf, dass mein Partner mich nicht verletzt, nichts tut, was ich nicht möchte und mit seinen Liebkosungen endet, sobald ich „Stopp" sage. Die Zeiten in denen die Frauen die langbeinige Unterwäsche anbehielten und der Mann mal kurz durch den Hosenschlitz seiner Lust frönte, sind vorbei. Heute übernimmt jeder für den anderen ein Stück weit Verantwortung und ich gehe davon aus, dass die wenigsten Paare sich gegenseitig verletzen wollen, (es sei denn, es gehört zum Liebesspiel dazu). Um Verantwortung übernehmen zu können, sollten wir eine gewisse Reife erlangt haben. Nicht nur körperliche, sondern auch geistige Reife. Das hilft dabei, mit Enttäuschungen fertig zu werden. Zur Enttäuschung kann auch das unterschiedliche Balzverhalten der Geschlechter beitragen. Hier spreche ich von Eifersucht: Da sitze ich beim Friseur und ein in der Stadt bekannter und attraktiver Mann mittleren Alters betritt den Laden. Er hat einen Termin, aber muss noch warten, bevor er an die Reihe kommt. Ein Schauspiel aus weiblicher Fürsorge und Flirt beginnt, es spielt sich vor meinen Augen ab. Jede Friseurin begrüßt den Herrn mit Namen und versucht, ihm die Zeit zu verkürzen. Nicht nur ich als Kundin bin nun hinten angestellt, auch jede der Damen buhlt um die Gunst des Fremden. Anderes Beispiel: Silvester mit den Nachbarn. Eine attraktive blonde Nachbarin kommt erst später zum Raclette-Termin, weil sie noch arbeiten musste. Am bereits fortgeschrittenen Abend werden die eben noch müden Herren plötzlich alle wach. Jeder sitzt nun gerade und lässt einen Spruch los, um die Aufmerksamkeit der Single-Frau zu wecken. Die eigenen Ehefrauen sehen dem Geschehen verwundert zu. Kennen Sie auch solche Geschichten, an denen das vermeintlich Fremde viel reizender ist als das bereits Gewohnte? Und kennen Sie das Gefühl der Eifersucht?

Wer Sexualität idealisiert oder gar als Basis für eine Beziehung nimmt, kann sehr schnell enttäuscht werden. „Der Kick", einmal als solcher deklariert, verlangt immer aufregendere Positionen und immer mehr Anstrengung, um zur Befriedigung zu führen. Das ist nicht nur energie-zehrend sondern gleicht einer Sucht. Immer mehr ist nötig, damit das Ziel erreicht wird und die Abstände werden kürzer. Das eigentliche Ziel ist nicht der Orgasmus, sondern die Erregung möglichst lange zu halten.

Es freut mich für jede Frau, die mehrfache Orgasmen erleben kann, noch viel mehr freut es mich jedoch, wenn eine Frau den Orgasmus ihres Partners genauso genießen kann. Mir fehlt heute sehr oft die Hinwendung zum "Du". Ich empfinde viele Menschen als sehr Ich-bezogen. Auch mich selbst. Das bedeutet nicht, mich selbst für den anderen zurückzunehmen (keine Harmonie um jeden Preis), sondern ein Wechselspiel zwischen Hingabe und Selbstverwirklichung. Eine Partnerschaft verläuft in Wellen. Zwei Menschen unterschiedlicher Erziehung, Wertvorstellungen und jeweiligem vorherigem Leben, sollten nicht erwarten, auch sexuell immer mit einander übereinzustimmen. Jeder Mensch hat einen eigenen sexuellen Lebenslauf. Wir alle haben verschiedene Erfahrungen gemacht. Der eine ist früh an sich und dem anderen Geschlecht interessiert, ein anderer ist Spätzünder, dafür aber nicht weniger neugierig. Auch das jeweilige Lustempfinden ist unterschiedlich und kaum messbar. Nicht anders sieht es bei unseren Vorlieben oder Techniken aus. Wer sich auf eine gewisse Art selbst befriedigt, programmiert sich darauf. Fantasien spielen eine große Rolle. Unsere Vorlieben, unser Lustempfinden und unsere Libido sind so individuell wie unser Fingerabdruck. Trotzdem suchen wir den einen Partner, dessen Empfinden wenigstens „ähnlich" ist. Doch das ist nicht das einzige Kriterium, wenn man eine Ehe eingehen möchte. Für die Auswahl des Ehepartners spielt Sex nur eine untergeordnete Rolle. Auch heute sind Kriterien wie Vertrauen und Harmonie, geistiges Niveau und ähnliche Lebensumstände ausschlaggebend für eine Ehe.

Ob ein Mann oder eine Frau das Vertrauen wert war, er oder sie also verantwortungsbewusst mit Informationen umzugehen vermag, wissen wir oftmals erst dann, wenn wir uns trennen. Die „schmutzige Wäsche", die dann in aller Öffentlichkeit gewaschen wird sind Anzeichen dafür, dass dem nicht so war. Nicht selten finden sich die nackten Tatsachen in Form von Bildern, die eigentlich nur für den einen gedacht waren, auf öffentlichen Portalen wieder. Ein Zeichen von mangelnder geistiger Reife des Verlassenen.

Schreiben Sie ihren eigenen sexuellen Lebenslauf und ihren sexuellen Rahmen einmal auf. Phasen mit viel Sex wechseln mit ruhigeren Phasen ab. Warum sollte es in einer Ehe nicht auch unterschiedliche Phasen geben? Auch das bedeutet, Verantwortung zu übernehmen: Nämlich die Meinungen und Neigungen des anderen akzeptieren zu können, ohne auf das eigene Recht zu bestehen. Jeder geht seinen eigenen Weg und einen geht das Paar zusammen. So könnten wir den Druck aus dem Thema nehmen.

Was hat Sex mit Macht zu tun?

„Sexualität eignet sich hervorragend dazu, Menschen zu kontrollieren.", sagt Ann-Marlene Henning im Interview mit rantlos.de vom August 2014. Jahrhundertelang diente die männliche Sexualität dazu, Frauen und auch Männer, zu unterdrücken, zu erniedrigen oder zu verletzen. Massenvergewaltigungen waren, und sind immer noch, eine Waffe, die im Krieg eingesetzt wird, damit man die Verletzbarkeit und Minderwertigkeit des Besiegten demonstrieren kann. Mädchen und Frauen sind einem Mann hinsichtlich Kraft und Gewalt meist unterlegen. Die seelischen Verletzungen durch solche Erlebnisse sind fast nicht wieder gut zu machen. Genitalverstümmelungen bei jungen Frauen gibt es immer noch. Und auch Männer, die sich z.B. einem „Männlichkeitsritual" unterziehen und mit Brutalität die Vorhaut entfernen lassen, sind betroffen. Die „Hydras" in Indien, die als Junge von ihren Familien verschleppt und kastriert werden, um sich dann zu prostituieren, sollen nicht unerwähnt bleiben.

Wir Frauen sind ebenso in der Lage, Macht auszuüben und das Wissen darüber beginnt schon früh. Denken wir nur an die Lehrer, die sich heutzutage hüten müssen, ein Kind an der falschen Stelle zu berühren, um nicht unter falschen Verdacht zu geraten. Mir fällt die Warnung ein, die den jungen Verkäufern mit auf den Weg gegeben wurde, eine Diebin niemals allein, sondern immer mit einer Kollegin zu vernehmen. Die Frauen die sich die Kleider plötzlich selbst vom Leibe rissen und den Mann beschuldigten, sie nur mitgenommen zu haben, um sie zu vergewaltigen, nahmen zu. Auch mir als Mutter wurde es mulmig, als ich unsere kleine Tochter in das Schultaxi setzen musste und daran dachte, dass sie die letzte auf der Fahrt ist. Auch ich stellte den Fahrer unter Generalverdacht.

In Partnerschaften nutzen wir Sex oftmals als Druckmittel, z.B. um den Partner zu etwas zu zwingen. „Wenn du nicht mit mir sprichst, dann schlafe ich nicht mit dir." Auch der Mann, der seiner Frau den Beischlaf entzieht hat Macht, denn die Frau leidet genauso darunter, wie der Mann, dem der Geschlechtsverkehr vorenthalten wird. Die Braut, die dem Mann in Aussicht stellt: "Wenn du mich heiratest, dann kannst du mich immer haben", übt damit Macht aus. Und es funktioniert sehr gut. Denn Männer glauben, wenn sie erst einmal mit mir verheiratet ist, habe ich öfter Sex. Sexualität als Basis für eine Ehe? Intimste Geheimnisse teilen ist nur so lange schön, wie wir dem Partner vertrauen können. Müssen wir ständig mit der Angst leben, unser Partner würde unsere vermeintlich unnormale sexuelle Vorliebe an andere verraten und uns damit bloßstellen, fällt auch das unter Machtmissbrauch.

Wollen wir einen Mann, der es uns besorgen kann?

In unseren Breitengraden sind wir Frauen sehr selbstbewusst und immer mehr in der Lage, unsere Wünsche durchzusetzen. Das verunsichert zunehmend die Herren der Schöpfung.

Anstatt sich mit den Bedürfnissen der Frau wirklich auseinanderzusetzen, werden dann so Sätze geboren wie: „Der muss es nur einer mal richtig besorgen." Die klassische Überwertung eines Gliedes an sich. Es hört sich so an, als ob die Frau dabei passiv ist und der Mann sehr aktiv. Jetzt mal so unter uns Frauen (für alle Empfindlichen unter den männlichen Lesern: bitte weiterblättern): Wollen wir Frauen einen Mann, der es uns besorgt? Es ist bestimmt ganz nett mit einem Partner, der sein Geschäft im Bett versteht. Und ab und zu hart ran genommen zu werden, ist auch schön. Aber es ständig besorgt zu bekommen? Männer die behaupten, Frauen müssen nur ordentlich rangenommen werden, damit sie nicht so zickig sind, denken zu kurz. Unerfüllter Sex und unbefriedigender Sex, sind beim Pegel des Leidens gleich hoch an zu setzen. Männer die über den weiblichen Orgasmus philosophieren, finde ich immer wieder lustig. Entweder sie verstehen gar nichts, oder meinen, sie könnten jede Frau zum Orgasmus bringen. So einfach ist das nicht. Ein weiblicher Orgasmus ist so individuell wie jede Frau. Genau das stelle ich mir für einen sexuell aktiven Mann sehr spannend vor, weil Sex eben nicht nach „Schema F" abläuft, sondern immer wieder eine neue Erfahrung ist. Aber heiraten möchte ich den Mann, der die große Klappe riskiert, keinesfalls, denn entweder ist er bloß ein Angeber oder er besorgt es mal eben allen, die bei drei nicht auf den Bäumen sind. Für mich ist das leider kein Versorger im Sinne emotionaler Erfüllung.

Es sei denn, ich würde es schaffen, die Liebe nicht über zu bewerten und teile den Mann mit allen willigen Weibchen. Aber dies erfordert eine sehr selbstbewusste Haltung und fast esoterische Weisheit, die es bei mir und den meisten mir Bekannten noch zu erlangen gilt. Beim Mann ist es nicht anders, auch er nimmt nicht unbedingt die aufgetakelte Blondine zur Frau. Sie ist bestimmt Fantasie anregend, aber als Mutter seiner Kinder, braucht es sicher mehr als lackierte Fingernägel.

Warum gehört Fantasie zum Sex?

Unser sexueller Lebenslauf und die Fantasien, die wir dazu entwickeln, sind entscheidend für unsere Lust. Oft reicht der

Duft des Aftershaves von einem guten ehemaligen Liebhaber, um uns zu erotisieren, die rote Rose, die uns die erste große Liebe schenkte oder ein Werbefoto für Unterwäsche. Wer erinnert sich noch an die Werbung, bei der alle Damen im Büro hin und weg schmachteten, während ein gutaussehender schwitzender Mann eine Dose Cola trinkt? Durch die Leserunde zu meinem Roman durfte ich feststellen, dass sich nicht jeder von Fantasien anregen lässt. Es gibt also große Unterschiede in Bezug auf das „erregt werden". Oftmals ist uns Frauen gar nicht bewusst, was uns erregt. Daher sollten wir unseren Partner erst fragen, bevor wir ihm von dem tollen Schauspieler erzählen, den wir im Kopf haben, während er sich gerade abmüht. Es gibt auch Träume, die gar nicht verwirklicht werden wollen, oder wir stellen erbittert fest, dass die Fantasie schöner als die Realität ist. So bat mich einmal ein Freund, in einer Umkleidekabine zu knutschen. Er musste feststellen, dass ihn die vermeintliche Gefahr des „erwischt werden" gar nicht so anturnte, wie er dachte. Fantasie kennt keine Grenzen, keinen Schmerz, keine Schuld und keine Scham. Deshalb sind Vorstellungen, die mit Unterwerfung und Schmerzen zu tun haben gar nicht so selten. Hirnforscher fanden heraus, dass die Areale, in denen Schmerz und der Orgasmus empfunden wird, identisch sind.

Ob wir unsere Fantasien verraten oder umsetzen, hängt:
- von der Stabilität der Partnerschaft
- dem, was ich glaube, dem Partner zumuten zu können, damit es ihn nicht verletzt
- und der Art der Fantasie ab.

Ein als Wunsch verpackter Traum bringt uns dazu, zu prüfen, inwieweit der Partner bereit ist, etwas „auszuleben". Der Pfad, auf dem sich die Geliebten befinden, ist sehr schmal. Die Angst, dass meine anregende Vorstellung vom Partner als pervers abgetan wird oder ihn gar erschreckt, ist so groß, dass wir wieder nicht reden.

Was haben Ehe, Liebe und Sex miteinander zu tun?

Der gravierende Unterschied zwischen Sex und Ehe ist, dass wir das eine ohne das andere haben können. Bedeutet: Heute müssen wir nicht mehr heiraten oder verliebt sein, um Sex zu bekommen. Sexualität bekommen wir frei Haus. Egal, ob allein mit uns selbst, vor dem PC oder mit den Sexarbeitern von der Straße, in Apartments oder sonstwo. Durch romantische Romane und Filme bestärkt, hält sich jedoch hartnäckig der Mythos, dass aus den Zutaten Liebe und Sex eine funktionierende Ehe werden kann. Dass eine Ehe auch Gefühle, Leid oder Freude und Niederlagen aushalten muss, bleibt dem Zuschauer meist verborgen. Die schönsten Filme enden mit dem Happy End. Dies ist jedoch erst der Anfang eines langen Weges und die Liebe bleibt nicht einfach für immer. Was wir jedoch nicht wahrhaben möchten oder unterschätzen, sind die Anstrengungen, die dafür nötig sind, dass sie bleibt. Zusammenleben bedeutet Arbeit, dabei dient uns der Partner als Spiegel. Neumodisch auch „Beziehungsarbeit" genannt. Wer sich für die Ehe entscheidet, ist willens, dies vor aller Welt und, vor allem, vor dem Gesetz zu zeigen. Der gemeinsame Lebensweg gleicht einem Gipfelaufstieg, bei dem es durchaus möglich ist, dass beide Partner auf unterschiedliche Weise versuchen, den Gipfel zu erreichen. Partner wollen sich also lieben, einen Gipfel besteigen, Kinder bekommen, miteinander lachen, reden und der Sex, den die beiden miteinander teilen, soll erfüllend sein. Viele Wünsche und Hoffnungen, die schon vor Beginn einer Ehe auf der Liste stehen. Ein Partner allein kann diese Wünsche gar nicht erfüllen, oder?

Alle von mir Befragten waren der Meinung, dass Sex und Liebe unterschiedliche Dinge sind. Oftmals verbinden wir es miteinander, weil das unserem Wunsch nach Vollkommenheit entgegenkommt. Doch meist erfüllt er sich nur zum Schein oder gar nicht.

Wir wünschen uns sehnlichst, Liebe und Sex miteinander zu verbinden, doch das setzt voraus, dass wir den Partner nicht mit falschen Vorstellungen belasten. So z.B:

- Der Mann muss immer stark sein.
- Wenn er/sie mich liebt, dann spürt er/sie, was ich will.
- Wenn er/sie mich liebt, dann reicht die Missionarsstellung aus.
- Er/sie braucht keine weitere sexuelle Stimulierung, ich reiche dafür aus.

Tatsächlich ist der Wunsch, dass Sexualität und Ehe Hand in Hand gehen müssen, gerade einmal 200 Jahre alt. Sehr anschaulich beschreibt Michael Mary in seinem Buch: "Fünf Lügen die Liebe betreffend", wie in sämtlichen älteren Kulturen, die Partnerschaft lediglich dazu diente, Nachwuchs zu zeugen. Sexuelle Freuden wurden durchaus von beiden Geschlechtern anderweitig, außerhalb der Bindung, ausgelebt und - erlaubt - genossen.

Ebenso häufig ist die stillschweigende Akzeptanz des mauernden Partners. Viele Partner sind sich durchaus bewusst, dass der andere seine sexuellen Bedürfnisse anderweitig auslebt. Es besteht eine Trennung zwischen der sexuellen Beziehung und der Lebenspartnerschaft. Die letztere ist oft geprägt durch tiefes Vertrauen, sich über den anderen im Klaren sein, bei gleichzeitiger wirtschaftlicher Abhängigkeit.

"Mit dem Schwinden von Begehren und Leidenschaft in ihrer Dauerbeziehung könnten die Partner womöglich noch umgehen, wenn dieser Vorgang allgemein anerkannt oder sogar geschätzt würde. Doch sich für den Rückgang der Leidenschaft in einer Langzeitbeziehung schuldig, schlecht, falsch oder ungenügend zu fühlen, das schafft die wirkliche Misere.", schreibt Michael Mary.

Sexualität ist nur eine kleine Facette der Liebe. Ein Mensch kann ohne Sex eine ganze Weile leben. Ob er dauerhaft ohne Liebe leben kann, wage ich zu bezweifeln.

Sex ohne Ehe

Viele meiner Bekannten und Freunde fragten mich: „Warum schreibst du ein Buch über Ehe ohne Sex? Das will doch keiner lesen. Ich kann dir Geschichten zum Thema: Sex ohne Ehe erzählen." Sex in der Ehe wird dröge, während der Sex ohne

Trauschein immer interessant und aufregend bleibt. Davon sind sehr viele schon vorab überzeugt. Es scheint so, als wäre unser sexueller Rahmen mit dem Eheversprechen starr und steif. So als wäre damit die Experimentierfreude vorbei. Auf meine Frage: „Was würdet ihr machen, wenn der Partner auf Grund einer Erkrankung plötzlich keinen Sex mehr haben kann?", folgt Schweigen im Walde. Also doch ein wenig oberflächlich? Sich den Fluchtweg frei halten, falls der Partner den eigenen Vorstellungen nicht mehr entspricht? Schnell wechseln, wenn es beliebt? Es stellt sich die Frage: „Können wir etwas begehren, das sich schon in unserem Besitz befindet?"

Unser Sohn wünschte sich einen großen Kran, den er selbst zusammenbauen konnte. Ein sehr teures Teil. Also sagten wir unserem Sohn: „Du kannst darauf sparen!" So wuchs sein Begehren sichtlich. Leider dauert es heute nicht sehr lange, bis Kinder diesen großen Geldbetrag zusammen haben. Endlich den Kran in der Hand, hat er schon im Auto den Karton aufgemacht. Er war drei Tage mit dem Zusammenbau beschäftigt. Danach waren 14 Tage Spiel angesagt. Wo der Kran nun ist? Er ist wieder auseinander geschraubt im Karton, irgendwo in seinem Zimmer. Jetzt könnten wir sagen: „Er begehrt es nicht mehr, weil der Reiz sich verloren hat." Stimmt. Aber das Gefühl bleibt. Verschüttet irgendwo in einem Teil des Gehirns. Als ich vor einigen Tagen meine Lieblingspuppe meiner Tochter zum Spielen anbot und sie mir sagte: „Mama, die Puppe kannst du behalten.", war ich zuerst sehr enttäuscht, weil sie etwas nicht so begehrte, wie ich damals. Auch wenn die Puppe schon dreißig Jahre eingepackt auf dem Dachboden lag, konnte ich mich nicht von ihr trennen. Obwohl ich jahrelang nicht mit ihr spielte, hänge ich noch mit viel Leidenschaft an ihr. Zu meiner Freude durfte ich kurz vor Fertigstellung des Manuskriptes feststellen, dass unser Sohn erneut mit seinem Kran spielt und er nun meine alte Puppe besitzt.

Je länger wir etwas begehren, je länger wir uns anstrengen müssen, etwas zu bekommen und es uns selbst erarbeiten müssen, desto länger interessieren wir uns dafür und sind stolz auf das Erreichte. Wissen Sie jetzt, warum kluge Frauen den Mann in der Werbephase oftmals zappeln lassen?

Bei einer „Lebensgemeinschaft" ohne Trauschein kann es durchaus sein, dass der Sex länger frisch bleibt. Doch die Phasen der Leidenschaft, sind in allen Beziehungen gleich. Es kann höchstens sein, dass die Länge dieser Phasen sich verschiebt. Wer auf Grund der "Freiheit" glaubt, er könne die Attraktivität für den Partner erhalten, unterliegt einem Irrtum. Die bewusste Entscheidung für einen Partner, das bewusste „Ja-Sagen", und die Bereitschaft, einen Weg gemeinsam zu gehen und dies auch vor dem Gesetz rechtskräftig zu machen, kann die Beziehung eines Paares noch intensiver und vertrauter machen. Nicht umsonst heißt die Heirat auch Hochzeit, von „die hohe Zeit". Trotzdem darf man die Augen natürlich nicht vor den hohen Scheidungsraten verschließen. 2013 gab es mit 169800 geschiedenen Ehen weniger Scheidungen als noch 2012, so meldet das Statistische Bundesamt im Juli 2014. Die durchschnittliche Dauer der geschiedenen Ehen betrug 14 Jahre und 8 Monate. In 52% aller Fälle stellte die Frau, in 40% der Mann und in 8% stellte das Ehepaar gemeinsam den Scheidungsantrag. „Wir führen eine offene Beziehung!", sehr nett umschrieben ist hier die Tatsache, dass wir Menschen einem Trieb unterliegen, der durch den Verstand nur schwer in den Griff zu bekommen ist. Für Paare, deren Sex-Aktivitäten unterschiedlich sind, kann dies vielleicht die Lösung sein. Indem wir den anderen frei lassen, seinen Trieb mit einem anderen auszuleben, geben wir ihm die Chance, so zu leben, wie er will. Wären da nicht die hohen Ideale von Treue und Moral, die uns in unserer Eitelkeit verletzen, sobald wir vom „Fremdgehen" des Partners erfahren. Eine blutjunge Radiomoderatorin fragte mich: „Ist es nicht so, dass alle, die in ihrer Ehe sexuell unzufrieden sind, den Partner betrügen?" Sehr kurz gedacht von dieser hübschen jungen Frau. Wir heiraten nicht, um unseren Partner zu betrügen. Wer heiratet, ist willens, treu zu sein und sich mit dem anderen zu verbinden. Wir sind entschlossen, den Weg gemeinsam zu gehen und die Treue füreinander zu leben. Nur deshalb lesen wir bis heute so gerne die Geschichte von Romeo und Julia, in deren Liebe der gemeinsame Tod als Krönung vorgesehen ist. Auch Geschichten vom Bauer, der seine Frau sucht, rühren unsere Herzen. Vor allem dann, wenn das Paar beschließt, den Weg gemeinsam zu gehen. Tatsächlich liest man immer wieder in Anzeigen: „Wir trauen uns!" Mut gehört dazu, denn wir alle wissen, dass fast jede zweite Ehe wieder geschieden wird. Dass die Partner in der Ehe sehr oft unzufrieden mit ihrem Sexleben sind, steht fest, doch das bedeutet nicht gleichzeitig auch die Scheidung. Ehen gehen auseinander, weil sich die Partner auseinander gelebt haben. Was einfach nur bedeutet, dass sich die Aufmerksamkeit nicht mehr aufeinander richtet. Wer lange zusammen ist, glaubt, den Ehemann oder die Ehefrau in und auswendig zu kennen. Anfängliche Faszination und Zugewandtsein verwandeln sich in Kritik. Sind wir verliebt, dann sehen wir fast nur die positiven Dinge. Sollten wir frisch verliebt feststellen, dass die eine oder andere Vorstellung nicht zutrifft, so sind sofort andere positive Dinge da, die uns wieder begeistern. Je länger ein Paar zusammen ist, desto mehr fokussieren wir uns auf die Andersartigkeit und damit die negativen Aspekte des Partners, statt weiterhin auf die bereits bekannten positiven Dinge konzentriert zu bleiben.

Wozu dient Sex?

- der Lust und der Freude
- der Dauererregung
- dem Zeugen von Nachwuchs
- der eigenen Befriedigung
- der Festigung der Partnerschaft
- der Vermeidung des Partnerverlustes
- der Gesundheit
- der Sucht
- dem Erlangen von Selbstbewusstsein und Anerkennung
- der Selbstbestätigung
- dem Konsum
- dem Lebensunterhalt
- der Machtausübung

Wozu dient mir Sex?

Schwester Angelika - Jeder Einzelne ist aufgefordert, sich mit dem aufzufüllen, was ihn glücklich erfüllt.

Einen intensiven Mailkontakt hatte ich mit Schwester Angelika. Sie ist evangelisch, Mutter zweier erwachsener Kinder und war einmal verheiratet. Erst kürzlich wurde sie als diakonische Schwester eingesegnet. Sie lebt in einer Werks- und Gebetsgemeinschaft, die mit der Welt verbunden ist. Sie hat kein Gelübde abgelegt, das ihr vorschreibt, ohne Sex zu leben.

„Ich kann hier allein in meiner Wohnung im Schwesternhaus leben und bin nicht allein. Wir helfen einander. Wir haben eine gemeinsame Glaubensgrundlage. Jeder kann sich mit seinen Gaben so einbringen, dass er dem Ganzen dient. Ich kann Christus nachfolgen in aller Konsequenz. Ich lerne von den Diakonissen und den diakonischen Schwestern. Die Nähe zueinander schärft den Blick für die Kleinigkeiten. Das aufmerksame Leben füreinander und miteinander ist eine ständige Übung. Genau hinhören, - genau hinsehen, - genau fühlen, ehrlich miteinander sein, sprachlich präzise miteinander reden, verkündigen in Andacht, Gebet und Tat.

Da mir die Einsegnung als diakonische Schwester nicht reichte, habe ich mir einen Ehering gekauft und trage diesen zum Zeichen der innigen Verbundenheit mit Jesus Christus. Dieser Ring hilft mir sehr, wenn ich in Verwirrungen bin. Ihn spüre und sehe ich, das Kreuz sehe ich nur im Spiegel. Ebenso trage ich die blau-weiße Tracht (Kostüm oder Anzug) der diakonischen Gemeinschaft.

Diakonische Schwestern und Brüder können verheiratet, ledig oder gleichgeschlechtlich sein. Eine Tracht ist nicht Pflicht, wie z.B. bei den Diakonissen. Diakonissen und diakonische Schwestern und Brüder haben ein gemeinsames neues Kreuzzeichen.

Sehnsucht nach Sex habe ich im Moment nicht, jedoch danach, in die Arme genommen zu werden. Christus ist der Erste in meinem Leben. Er ist meine Orientierung. Wir sind auf der Erde, um uns gegenseitig zu helfen. Ich habe schon viele Jahre vor der Einsegnung keinen Sex mehr gehabt. Es gab in meinem Leben nur wenige Momente, wo mich Sex glücklich gemacht hat. Wenn das Geistige miteinander nicht stimmt, stimmt alles nicht.

Ich bin dankbar für die Zeit ohne Sexualität. Die Energien bleiben konzentriert und werden nicht verwirbelt. Es ist ein Handeln in größtmöglicher Klarheit möglich. Ich kann ohne Sexualität meine Liebesfähigkeit an weit mehr Menschen verströmen, als mit Sexualität, da durch die Sexualität oft Besitzansprüche gegenüber der Person unbewusst angemeldet werden. Wie oft hören wir "mein" Partner. Das ist dann wirklich so gemeint. Die Liebe wird mit dem Besitzanspruch eingeengt. Tiefe geistige Verbindung ist oftmals mehr als Sexualität. Ja, sie geht darüber hinaus, weil alles auf der geistigen Ebene miteinander empfunden wird. Das sind schöne, seltene und wertvolle Momente, für die ich sehr dankbar bin. Die innere Leere kann kein Superpartner ersetzen. Jeder Einzelne ist aufgefordert, sich mit dem aufzufüllen, was ihn glücklich erfüllt. Für mich sind Sexualität und Liebe zwei sehr unterschiedliche Begriffe und Dinge. Sexualität ist die Hinwendung zu sinnlichen, trieb- und lustvollen Körpererfahrungen. Das kann allein oder gemeinsam sein. Das hat für mich mit Liebe noch nicht viel zu tun. Eine gewisse Öffnung füreinander sollte da sein. Wer weiß, wenn für mich der richtige Partner kommt, dann soll es so sein. Liebe ist mehr als Sexualität, beinhaltet sie in ihrer Gänze auch. Liebe ist Fühlen, Tun, Zuhören, Nachfragen, sich verschenken mit seinen Fähigkeiten, Helfen. Es ist schwer zu beschreiben. Liebe durchströmt den gesamten Menschen und lässt ihn so handeln, dass dies erfahrbar wird. Liebe enthält viel Schmerz, da sie geduldig ist. Sie kann nicht alles gleich richten. Sie wartet und verströmt sich immer wieder neu, wie eine Quelle, die niemals aufhört zu strömen."

Theresa ist eine schöne dunkelhaarige Frau. Sie hat eine starke Ausstrahlung und eine ganz besondere hell grüne Augenfarbe. Sie hat mich angeschrieben und wir haben uns in ihrer sehr freundlichen und hellen Praxis getroffen. Sie ist selbständig und ich spüre sofort die starke Energie die sie und mich umgibt.

„Als ich meine große Liebe kennenlernte war ich 15 Jahre alt und er 21. Damals war ich einfach zu jung. Wir verloren uns aus den Augen. Ich heiratete einen anderen Mann, eigentlich einen ganz lieben, wir hatten „normalen" Sex und bekamen einen Sohn. Trotzdem funktionierte die Ehe nicht und wir ließen uns scheiden. So kam auch meine Jugendliebe wieder ins Spiel. Mit ihm, das war Sex, wie ich ihn mir immer vorgestellt habe. Wirklich ein Hammer. Da passte einfach alles, wie ein Puzzle, das man zusammenlegt und feststellt: es ist rund. Wir planten ein Kind und es klappte sofort, dann das nächste Kind. Es waren besondere Geburten, weil ich mich sehr gut kenne und ein intensives Körpergefühl habe. Es lief alles wie im Märchen. Doch als der Kleinste ein Jahr wurde, bemerkte ich, dass mit mir etwas nicht stimmt. Sollte ich etwa erneut schwanger sein? Unsere Familienplanung war eigentlich abgeschlossen. Ich hatte mich für die Hormonspirale entschieden, um auf der sicheren Seite zu sein. Mein Arzt bestätigte mir dieses unerklärliche Wunder. Was jetzt? Nach dem ersten Schock dachte ich: 'Wir bekommen drei Jungen satt, dann werden wir das vierte auch noch stemmen. Vielleicht ist dies ein Mädchen.' Als ich meinem Mann von der Schwangerschaft erzählte, war er allerdings sehr viel mehr schockiert als ich. Das hat mir sehr wehgetan." *Theresa stockt ein wenig der Atem und ich kriege es erst gar nicht mit, weil ich so mit Schreiben beschäftigt bin.*

„Nur eine Woche nach der Bestätigung der Schwangerschaft bekam ich plötzlich Blutungen. Mein Arzt wies mich ins Krankenhaus ein, er dachte das Kind sei tot. Doch ich glaubte nicht daran. Die Ärztin, die die Ausschabung machen sollte, kannte mich von meinen Geburten. Sie vertraute auf mein gutes Gefühl und ließ mich eine Nacht zur Beobachtung da bleiben. Ein Hormontest sollte am nächsten Tag Klarheit bringen. In der Nacht erlebte ich zum ersten Mal in meinem Leben etwas, das kann ich nicht jedem erzählen, weil es sich für manche unglaubwürdig anhört. Es war wie ein Kinofilm. Das Kind in meinem Bauch hat sich von mir verabschiedet. Ich konnte es ganz deutlich sehen, in Spitze gehüllt auf einem Kissen liegend. Es ähnelte unserem jüngsten Sohn. Ja, es war ein Mädchen. Es sagte zu mir: 'Wie du siehst ich bin viel zu zart und zu fein für diese Welt. Sei nicht traurig, du weißt ich gehe nach Hause. Dahin wo wir alle herkommen.' Dann wurde es von zwei Engeln abgeholt." *Jetzt stockt mir der Atem. Ich muss Schreibpause einlegen. Uns laufen beiden die Tränen übers Gesicht. Ich spüre die Trauer als wäre es gestern gewesen. Theresa erzählt weiter:*

"Am nächsten Morgen war mir klar, das Kind ist tot. Der Hormontest bestätigte dies." *Theresa fällt auch heute noch die Erinnerung daran schwer. Sie stockt immer wieder:* "Damals war es noch so, dass man drei Tage nach einer Ausschabung im Krankenhaus blieb. Ich war froh, denn ich brauchte die Zeit für mich und wollte alle Eindrücke verarbeiten. Ich bat meinen Mann: 'Bitte kümmere dich um die Kinder'. Sie waren doch noch so klein und dann plötzlich die Mutter weg. Eigentlich hätte ich ihn an meiner Seite gebraucht, doch mir war wichtiger, dass er bei den Kindern war. Mein Mann war beruflich sehr eingespannt, trotzdem versprach er mir sich um unsere Kinder selbst zu kümmern. Als ich aus dem Krankenhaus kam habe ich dann erfahren, dass die Kinder nur beim Kindermädchen gewesen sind. Er wusste nicht, was er bei mir damit angerichtet hatte. Es war eine schlimme Zeit." *Erneut hält Theresa kurz inne, sie wischt sich die Tränen aus den Augen und ich nutze ein Taschentuch.* "Ich versuchte, mit ihm darüber zu reden. Er konnte gar nichts verstehen. Er sprach auch nicht mit mir über das Vorgefallene. Das Thema Verhütung kam wieder auf mich zu. Die Pille wollte ich nicht, die Hormonspirale war durch, ich dachte: 'jetzt ist mein Mann dran'. Ein kleiner Schnitt für ihn, das wäre für mich eine große Erleichterung gewesen. Doch er zögerte. Machte nur halbherzig einen Termin beim Arzt. Mein Vertrauen zu ihm ging immer mehr den Bach runter. Ich hatte mir geschworen: 'In diese Situation kommst du nicht wieder.' Zu meinem Mann sagte ich nur: 'Bleib mir von der Pelle!' Im August war die Fehlgeburt und als sich mein Mann im November immer noch nicht sterilisieren ließ, machte ich für mich einen Termin. Kurz vor Weihnachten stellte ich meinen Mann vor vollendete Tatsachen. Immer wieder habe ich das Gespräch gesucht, doch mein Mann zog sich mehr und mehr zurück. Er wollte nicht mit mir reden und ich wollte nicht mit ihm schlafen. Die Situation zwischen uns wurde von Tag zu Tag unangenehmer. Acht Jahre haben wir so gelebt. Ich konnte ihm nicht verzeihen. Aus heutiger Sicht würde ich das nicht mehr so machen, damals war es mein Weg." *Dann erklärt sie ganz gefasst und ruhig:* „Natürlich bin ich traurig, dass ich mein Mädchen in diesem Leben nicht kennengelernt habe. Heute verstehe ich warum sie gehen musste. Sie öffnete mir die Augen. Sie hat mir die Türen für mein heutiges Leben geöffnet, so dass ich heute in eigener Praxis die Seelen anderer Menschen heilen kann." *Das Strahlen in Theresas Augen kehrt mit diesen Worten wieder zurück. Sie ergänzt:* „Dafür bin ich sehr dankbar, auch wenn sich das für den ein oder anderen komisch anhören mag. Ich lebte in einem goldenen Käfig. Vier Jahre schwebte ich auf Wolke Sieben, hatte viele Annehmlichkeiten, aber es hat auch vieles gefehlt. Das hätte auf die Dauer auch nicht mit dem tollen Sex aufgehoben werden können.

Seit einiger Zeit sind mein Mann und ich geschieden. Heute können wir wieder vernünftig miteinander reden. Es ist in gewissem Maße ein Zusammenhalt da. Einer hilft dem anderen, das ist schön so. Irgendwann läuft mir nochmal eine Liebe über den Weg, das weiß ich genau. Ob Sex und Liebe dasselbe ist? Nein, das Gefühl dabei ist schon wichtig. Ohne ginge es bei mir nicht. Mal eben 'Dampf ablassen', ist nicht."

Rosie und Max F. Müller - Das Offenlegen nimmt dem Ganzen die Macht

Heute treffe ich Max F. Müller und seine Freundin Rosie. Sie lernten sich vor sechs Jahren in einer Kantine kennen. Rosie erzählt: „In der ganzen Kantine gab es nur noch einen Platz und der war an meinem Tisch. Dort setzte sich Max hin. Sehr schnell wollte er meine Telefonnummer haben. Ich merkte sofort, worauf er aus war." - *Er lacht:* „Sie wollte mich abblitzen lassen, doch ich war hartnäckig!"- *Sie erzählt weiter:* „Meine Telefonnummer kannte ich nicht auswendig, deshalb habe ich ihm die Nummer meiner Arbeitsstelle gegeben." *Max rief sie an, die beiden wollten sich treffen, doch diesmal ließ er sie zappeln. Rosie sagt:* „Er wollte sich bei mir noch einmal melden, ob es nun mit dem Treffen klappt oder nicht. Doch er rief einfach nicht an. Ich hatte gerade die SMS geschrieben. In der stand: fuck you. Genau in dem Moment als ich sie abschicken wollte, rief er mich an." *Er grinst mich an und sagt:* „Ich habe gespürt, dass sie was schicken wollte, da musste ich anrufen." *Nur fünf Wochen später zieht sie zu ihm. Zwei Monate danach ziehen sie zusammen in eine neue Wohnung.* „Es ging sehr schnell mit uns.", *lacht sie. Ich kann die tiefe Verbindung zwischen den beiden spüren. Sie achten aufeinander. Das Interview verläuft wie ein Ping Pong Spiel. Beide werfen sich die Sätze förmlich zu.*

Rosie ist in Vietnam geboren. Als sie sechs Jahre alt ist, flieht ihre Familie vor den Russen nach Europa. Sie ist schlank, sehr hübsch und einen Kopf kleiner als Max. Sie berichtet mir:

„Meine Mutter ist von ihrem Stiefvater missbraucht worden. 9 Jahre lang, bis sie von ihm schwanger wurde. Um die Schwangerschaft zu vertuschen, wurde eine Hochzeit arrangiert. Mein Vater heiratete meine schwangere Mutter. Meine älteste Schwester wurde von ihrem Stiefvater nie wirklich anerkannt und kurz nach der Geburt sogar an ein anderes Paar abgegeben. Doch meine Mutter hat viel geweint." *Die Schwere liegt in der Luft.* „Sie hat so viel geweint, dass dieses andere Paar ihr dann doch noch ihr Kind zurückgegeben hat. Meine

Mutter hatte vier Töchter und 2 Söhne." *Die Erlebnisse der Mutter haben die Erziehung der Kinder geprägt.* „Ich durfte mich nicht schminken, keinen Minirock tragen oder ein tiefes Dekolletee haben, keinen Mann zum Sex provozieren. So wurden wir asexuell erzogen. Ich bin nicht so aktiv. Ich verführe keinen Mann. Um das alles zu verarbeiten, mache ich eine Therapie. Max begleitet mich. Ich möchte ein normales Leben führen. Meine Geschwister und ich, wir haben alle kein normales Leben. Wir können keine Bindungen eingehen. Nur meine älteste Schwester hat selbst ein Kind. Wir anderen nicht. Ich wusste schon immer, dass ich keine Kinder bekommen würde. Trotzdem wollte ich es versuchen. Ich habe mir für viel Geld Eizellen entnehmen lassen, doch es hat nicht geklappt mit der Schwangerschaft. Seitdem habe ich keine Regelblutungen mehr. Sex tut weh, weil die Scheide jetzt so trocken ist und ich habe gar keine Lust mehr." *Rosie erzählt mir alles ganz offen und unbefangen.*

„Es ist nicht schlimm, dass ich kein Kind bekommen kann. Es ist schön für eine Frau, Mutter zu werden. Aber es ist nicht schlimm, wenn es nicht klappt."

Auch Max ist kein unbeschriebenes Blatt, als sich Rosies und seine Wege in der Kantine treffen. Er sieht gut aus. Er ist sogar ein wenig spirituell eingestellt. Max erzählt: „Ich hatte schon mal vier Freundinnen nebeneinander. Alle Unzulänglichkeiten habe ich mit Sex kompensiert. Fast wie eine Sucht. Ich heiratete eine tschechische Prostituierte, um ihr die deutsche Aufenthaltsgenehmigung zu ermöglichen. Diese Heirat war wie ein Geschäft. Diese Frau hatte gern Sex. Wir machten es drei, vielleicht viermal am Tag. Doch ich entwickelte mich weiter und machte einen Sex-Entzug. Darauf hat mich meine erste Frau verlassen. Wir haben aber noch guten Kontakt. Mit allen meinen ehemaligen Freundinnen habe ich noch Kontakt."

Rosie ergänzt: „Du hilfst ihnen sogar, wenn sie ein Problem haben. Nein, ich bin nicht eifersüchtig. Er soll mich nur nicht mit anderen Frauen vergleichen oder hin und her springen. Mit 50 oder 60 Jahren werde ich keinen Erfolg bei Männern mehr haben. Wenn er mich wegschmeißen will, dann soll er es jetzt tun. Ich lasse ihn frei. Er kann sich eine Frau suchen, die ihm gibt, was er vermisst."

Max wendet sofort ein: "Ich bin jetzt glücklich. Früher fehlte die Tiefe in meinen Beziehungen. Das Intimste überhaupt ist es, sich lange in die Augen zu sehen. Das befriedigt mich seelisch, davon habe ich mehr als von Sex." *Die beiden sehen sich wirklich oft an.* „Nur der Trieb ist noch da, er soll mir mein Glück nicht zerstören. Wenn ich mich selbst befriedige, dann deprimiert mich das, weil ich keinen Austausch erlebe. Die ersten sechs Monate unserer Beziehung habe ich Rosie nur mit einem umgebundenen Handtuch gesehen. Sie zeigte sich nicht nackt. Ja, wir hatten Sex, nicht so oft und meist sehr schnell." *Sie sagt leise*: „Unsere Beziehung ist nicht immer rosa" *Doch Max streicht ihre traurigen Bedenken sofort weg*: "Wir haben alle Farben, so wie ein Regenbogen" *Dann überlegt sie*: „Ich habe Kolleginnen, die machen sich immer selbst etwas vor. Jeder hat sein Problem, keiner ist perfekt. Ein Ehemann einer Kollegin hat sich eine Zweitfrau aus Afrika geholt. Das ist schief gegangen. Der Kollegin geht es nicht gut." *Max wendet lachend ein*: „Ja, weil sie nicht die Hauptfrau war. Du wärst ja meine Hauptfrau. Du könntest die Frau sogar aussuchen." *Rosie wendet ganz sachlich ein*: „Für dein nächstes Leben frage den lieben Gott. Sage ihm, dass du mehrere Frauen haben möchtest. Dann wirst du vielleicht als Araber wiedergeboren." - „Es wird ja auch immer besser.", *wird Max wieder ernst,* „Wir können schon manches Mal ein bisschen Kuscheln. Das ist schön. Ich habe gelernt, die Frau nicht zu drängen, sondern ihr den Raum zu lassen. Ich habe noch Hoffnung." *Sie nimmt seine Hand und lächelt ihn an. Ein seltener Moment, an dem ich teilhaben darf.* „Das Offenlegen", *ergänzt er,* "nimmt dem Ganzen die Macht. Deshalb erzählen wir dir von uns. Mein Schatz bringt mir Glück. Sie hat ein unbeschwertes Leben verdient. Sie ist der von Herzen beste Mensch, den ich kenne."

Auf die Frage, ob Sex und Liebe dasselbe ist, antworten beide gleichzeitig und ergänzend: „Nein, Sex ist nicht das Gleiche. Liebe bedeutet Freundschaft, sich umeinander kümmern, Frieden und Unterstützung."

Angelina.- Ich habe ihn nicht geheiratet um ihn zu betrügen.

Mich erreichte eine Mail von Angelina. Sie schreibt:

„Endlich kann ich alles einmal jemandem erzählen. Eigentlich, weiß ich gar nicht, wo ich anfangen soll. Ich war und bin schon immer ein sexuell sehr offener und neugieriger Mensch gewesen. Nebenberuflich bin ich Dildo-Beraterin. Dabei verzaubere ich ganz einfach meine Kundinnen mit Spielzeug, um die schönste Nebensache der Welt genießen zu können. Pornos finde ich OK und auch sonst ist meine Fantasie für eine verheiratete Frau recht lebhaft. Mein Geld verdiene ich selbst, bin also unabhängig, Hausfrau, Mutter und ich habe gerne Sex. Der einzige, der das irgendwie nicht so sehen will, ist mein Mann. Wir kennen uns, seitdem ich 18 Jahre alt bin. Er ist drei Jahre älter und die Liebe meines Lebens. Acht Jahre lang wollte er von mir nichts wissen, trotzdem hatten wir das ein oder andere Mal Sex in dieser Zeit. Er war schmutzig und einfach nur geil. Seit wir dann endlich ein Paar wurden, hat sich das mit dem tollen Sex aber mal so was von erledigt. Unsere Tochter ist nun vier Jahre alt. Seit dem sie da ist, haben wir noch weniger Zeit als Paar. Jetzt haben wir seit fast einem Jahr gar keinen Sex mehr. Eigentlich wollten wir noch ein Kind.

Viele Dinge habe ich ausprobiert. Ich habe meinem Mann das Gefühl gegeben, dass ich ihn liebe und ihn umgarnt wie sonst nur ein Mann seine Frau. Wenn ich ihn abends kraule, dann schläft er ein. Kurznachrichten mit Liebesbotschaften habe ich ihm geschickt. Auf meine Fragen: „Was möchtest du im Bett? Wenn ich dir den Wunsch erfüllen kann. Ich mache alles für dich! Zu zweit, zu dritt, mit oder ohne Spielzeug?", antwortet er nicht. Er findet alles gut, so wie es ist. Ich frage mich, was in seinem Kopf vor sich geht. Für mich ist es wie Entzug. Alle vier Wochen möchte ich am liebsten jeden Mann anspringen. Aber ich habe ihn nicht geheiratet, um ihn zu betrügen. Ich erwarte auch keine Dinge, die wir früher nicht gemacht haben. Doch es tut sich nichts. Das nervt mich so sehr, dass wir eine Beratungsstelle aufgesucht haben. Er geht mit und möchte es auch. Wir arbeiten an dem einen oder anderen Punkt. Allerdings sind wir meilenweit davon entfernt, über Sex zu reden, geschweige denn, welchen zu haben. Wir funktionieren in unserer Ehe super. Wir haben Spaß, können uns stundenlangen Gesprächen hingeben und sind ein eingespieltes Team. Nur dieses eine Thema will einfach seinen Platz nicht finden. Man sagt immer: Wenn man sich liebt, dann braucht man keinen Sex. Aber beides gehört doch irgendwie zusammen."

Warum lässt die Lust nach?

Das was wir allgemein unter „keine Lust" verstehen, hat viele Gesichter. Die durch die Verliebtheit ausgeschütteten Hormone sind nach etwa einem halben Jahr, spätestens jedoch nach vier Jahren, wieder auf normalem Level angekommen. Professor Guy Bodenmann aus Zürich beschreibt es so: je länger eine Partnerschaft dauert, umso mehr nehmen Attraktivität, Neuartigkeit und Faszination füreinander ab. Er sagt, dies sei nicht weiter schlimm, wenn gleichzeitig Intimität, Vertrauen, Verlässlichkeit und Verbundenheit zunehmen. Er hält Sex nicht für den maßgebenden Aspekt in einer Beziehung. Paartherapeuten sehen dies oft anders. Sie finden, dass Sex ein wichtiges Kommunikationsmittel ist, dessen Tragweite wir nicht unterschätzen sollten. Untersuchungen für die Gründe der Lustlosigkeit reichen von Duftnotenexperimenten über Testosterontests und enden in der Erfindung der Lustpille für die Frau.

Die Sexualwissenschaft nennt fünf mögliche Gründe für Lustlosigkeit:

1. Das Inzesttabu
Übernimmt die Ehefrau die Rolle der Mutter des Mannes oder bekommt sie selbst Kinder, kann es sein, dass dem Mann ein unbewusstes Verbot mit der Mutter zu schlafen, ihm weitere sexuelle Handlungen verbietet.

Wie dieses Inzesttabu bei Frauen aussieht, ist noch nicht untersucht. Frauen scheinen weniger Probleme damit zu haben.

2. Die emotionale Zerrüttung
Einseitige oder gegenseitige Verletzungen, z.B. Untreue eines Partners, das Gefühl, ausgenutzt zu werden oder im Stich gelassen worden zu sein.

Dieser Prozess verstärkt sich noch, wenn in der Kindheit ähnliche negative Erfahrungen gemacht wurden.

3. Die Erektionsstörung

Bereits die Vermutung der Frau, ihr Mann sei „impotent", kann einen solchen Stress erzeugen, dass der Mann erneut keine Erektion bekommt. Aus Angst werden Situationen vermieden, in denen es zu Intimität kommen könnte. Dass der Penis nicht erigiert, erlebt jeder Mann einmal. Von einer Erektionsstörung wird gesprochen, wenn nie eine Erektion möglich ist. Die Ursachen dafür sind nicht nur psychisch bedingt, sondern können auch körperlicher Art sein. Im Gegensatz dazu bedeutet Impotenz, dass der Mann sich nicht in der Lage fühlt, eine befriedigende Sexualität erleben zu können. Das Gefühl ist unabhängig von der Erektion.

Genauso oft lese ich in Kommentaren: „Ehe ohne Sex? Das sind die Frauen, die frigide sind!" Es gibt keine frigiden Menschen! Ich glaube, dass der Wunsch nach Zärtlichkeit ein Grundbedürfnis ist. Sehr oft wurde und wird es nur falsch verstanden oder missbraucht. Daraus entsteht die Distanz.

4. Die Emotionen

Manche Menschen können keine Nähe ertragen. Eine tiefe emotionale und geistige Verbindung geht zu Lasten der Sexualität. Es folgt eine Liebe ohne Sex.

5. Das Paradox der Leidenschaft

„Paradox der Leidenschaft" nennen Psychologen das gleichzeitige Bedürfnis nach Nähe und Distanz. In der ersten Phase wollen beide Partner so oft wie möglich zusammen sein. Dann kommt der Tag, an dem einer der beiden das Gefühl hat, "nun ist der andere endlich erobert". Er zieht sich wieder zurück, wendet seine Aufmerksamkeit wieder anderen Dingen zu. Bei glücklichen Paaren fühlt sich keiner verlassen oder bedrängt. Doch je größer das Ungleichgewicht, desto größer auch das Gefühl der Unterlegenheit und Zurückweisung bei dem einen und dem Gefühl, zu ersticken und dem Zwiespalt bei dem anderen Partner. Intimität und Distanz sind wichtige Bestandteile einer glücklichen Partnerschaft. Der Haken an der Sache: Der Wunsch nach Distanz kann nicht nur je nach Geschlecht, sondern auch von Person zu Person verschieden sein. Männer ziehen sich oftmals nach viel Intimität zurück, während Frauen sich meist noch mehr davon wünschen. Die richtige Balance kann oft nur durch eine Paartherapie wieder hergestellt werden.

- **Die Frau ohne Lust**
  Ute Benecke berät Frauen und Paare, wie sie endlich wieder mehr Spaß im Bett haben können. Sie schreibt in ihrem Blog: "Die meisten Frauen brauchen ein Gefühl der Verbundenheit, der Sicherheit, bevor sie sich aktiv öffnen und empfangen können. So wie das Herz kann man auch die Blume (deine Vulva) nicht zwingen, sich zu öffnen." Sie rät jedem Mann: „Gib der Frau die Zeit, die sie braucht um warm zu laufen, um heiß zu werden. Stimme dich auf sie ein. Jede Frau hat da ihren ganz eigenen Rhythmus. Respektiere diesen Rhythmus und gib ihr das Gefühl, dass es in Ordnung ist. Nichts ist schlimmer als ein Mann, der puscht und drängt. Auch wenn du es vielleicht nicht in Worten ausdrückst, wenn es deine Haltung ist, spürt es die Frau ganz genau. Zeig deiner Liebsten, dass du nicht zu diesen Männern gehörst."

Diana Richardson erklärt in ihrem Buch „SlowSex", warum oftmals Frauen die Lust verlieren. Nach der anfänglich feurigen Phase kommen Frauen in einer Beziehung auf die Dauer zu kurz. Zum Wesen der Frau gehört das Aufnehmende, was ihre Langsamkeit begründet. Frauen entscheiden das nicht bewusst mit dem Kopf, die Lustlosigkeit ist eine körperliche Reaktion auf die für kurze Zeit heiße und eher männliche Art der Vereinigung. Auch Männer können diesen ständigen stimulierenden Reiz als Belastung empfinden und körperlich mit Erektionsstörungen reagieren

Richardson empfiehlt daher die kühle Verbindung zwischen Mann und Frau, die ähnlich dem Tantra Achtsamkeit, Langsamkeit und eine tiefe Verbindung zwischen den Geschlechtern hervorruft. Hierbei spielt die aktive Stimulation keine Rolle und auch keine Fantasie. Einzig und allein das eigene Empfinden gibt den Ausschlag.

Wir haben die Wahl zwischen heißem, stimulierenden Sex, der sich vor allem auf den erhofften Orgasmus konzentriert oder der kühlen Vereinigung der Geschlechter (das geht auch ohne Erektion) die das Empfinden und die Sensibilität stärken, aber dabei den Orgasmus und sämtliche Fantasie außer Acht lässt.

- **Verschiedene Bedürfnisse**

Beide, Mann und Frau, sind Mensch und auch wenn wir in vielen Dingen gleichberechtigt sind, gibt es Unterschiede. In einer Beziehung haben Frauen und Männer unterschiedliche Bedürfnisse. Suchen Männer meist nach einer Befriedigung ihrer sexuellen Interessen, wünschen sich Frauen meist die Befriedigung ihrer emotionalen Bedürfnisse. Männer wünschen sich eine attraktive Lebensgefährtin, Frauen suchen einen zuverlässigen und ehrlichen Lebenspartner. Fühlt sich der eine in seinem Bedürfnis beschnitten, entzieht er dem anderen bewusst oder unbewusst das seinige. Yvon Dallaire ist Psychologe und Sexualwissenschaftler. Er verrät uns ein Geheimnis: „Das eine funktioniert nicht ohne das andere." Keine Zuneigung bedeutet: kein Sex, so denken viele Frauen. Doch kein Sex bedeutet auch, keine Zuneigung zu bekommen. Ohne Verführung keine Klarheit und ohne Transparenz funktioniert keine Verführung.

- **Anderes**

Oft lässt sich ein bestimmtes Ereignis für das abweisende Verhalten eines Partners herausfinden. Zum Beispiel die Geburt eines Kindes oder eine plötzliche Erkrankung. Dazu zählen auch Brustamputationen, Prostatakrebs oder eine ansteckende Geschlechtskrankheit. Manchmal ist es jedoch nicht so einfach, auszumachen, warum die Lust fehlt. Im Volksmund sagen wir: „der Alltag und die Routine schlucken die Lust". Es ist schwer, neben Kindern, Haus und Arbeit, ständig den anderen zu begehren oder sich selbst aufreizend zu verhalten. Dieser Prozess ist schleichend und meist für beide sehr überraschend. Der Alltag hat den Sex einfach gefressen. Genauso gibt es Theorien darüber, dass es im Bereich Sex nichts Verbotenes mehr gibt.

Alles ist erlaubt und die Lust, etwas Heimliches und Verbotenes zu tun, ist nicht mehr da. Mir fallen noch andere Gründe ein:
- es macht uns Angst, noch mehr die Lust zu verlieren
- die Angst, der Partner fühlt sich plötzlich falsch an
- keine Lust, mit dem eigenen Partner/in zu schlafen
- keine Lust auf die Sex-Praktik des Partners
- nur einer hat keine Lust
- beide haben weniger Lust
- Scham, Schuld, diverse Ängste, Stress
- Midlife-Krise oder Wechseljahre
- die Liste lässt sich beliebig fortsetzen.

Wir sind grenzenlos!

Obwohl wir den „Bilderrahmen" unserer sexuellen Erfahrungen wie unsichtbar mit uns herumtragen, kommen die äußeren Faktoren hinzu. Wir leben in einer Welt, in der wir ständig den verschiedenen Polen ausgesetzt sind. Schön und hässlich, zu groß und zu klein, attraktiv oder abstoßend. Unsere Aufgabe ist es, den für uns stimmigen Weg zu finden und zwischen dem Glamourwelt-Sex und dem eigenen zu unterscheiden. Die Gesellschaft entwickelt sich unterschiedlich. Wer seinen Rahmen besonders groß gestaltet und ausgeschmückt hat, möchte die Schönheit und die damit verbundene Freiheit auch den anderen zeigen oder gar den eigenen Rahmen überstülpen.

Wir sind grenzenlos frei. Die Grenzen von Scham, Nacktheit und Geschlechtsszenen z. B. in Liebesfilmen sind meist aufgehoben. Es gibt Theorien, die besagen, dass uns diese ständige Berieselung mit Sex langweilt. Jörg Zittlau beschreibt, dass Kinder sich für den industriell hergestellten Joghurt entscheiden, weil sie sich an die intensiven Reize gewöhnt haben. Natürliche Inhaltsstoffe erscheinen ihnen zu schwach.

Ähnlich ist es auch mit der Dauerberieselung durch nackte, aufreizende Menschen, die uns überall präsentiert werden. In unserem Alltag sind wir schon so abgehärtet, dass wir die barbusige Dame im Einkaufswagen, die uns in den nächsten Baumarkt locken soll, gar nicht mehr wahrnehmen. Während wir

bei der Ernährung darauf achten, dass unsere Kinder sich natürlich und ausgewogen ernähren, fallen die vielen Nackten gar
nicht mehr auf. Um uns Lust zu verschaffen, müssen die Reize
immer stärker sein oder wir schalten einfach ab, eine Folge der
Reizüberflutung. Wer ständig über den persönlichen Rahmen
geworfen wird, merkt auch nicht, dass er über die Grenze seiner
Mitmenschen geht. Wir leben nicht wie ein Naturvolk in der
Wildnis Südamerikas, das seine Sexualität frei und in aller Öffentlichkeit lebt. Bei uns gibt es Moralvorstellungen, die, anerzogen und zum Wohle aller, festgeschrieben wurden. Ob das
jetzt gut oder schlecht ist, wage ich nicht zu beurteilen. Ändern
lässt es sich nur schwer. Denn in grenzenloser Freiheit gibt es
eben nur noch wenige höhere Instanzen, die uns regulieren.
Was in einem Naturvolk schon immer so war, ist bei uns ein Zustand von Orientierungslosigkeit, den wir erst einmal einord-
nen und begreifen müssen. Das endet nicht mit der Pubertät,
sondern ist eine Lebensaufgabe, in der viele sich falsch lenken
lassen oder vorübergehend scheitern (siehe Depression, Mob-
bing, Burnout oder Alkoholkrankheit).

Obwohl wir in einer Gesellschaft leben, die freier kaum sein
kann, werden Randgruppen angegriffen. Es scheint fast so, als
bräuchten wir Menschen ein Feindbild, um uns selbst groß erscheinen zu lassen. Ganz gleich ob es der Nachbar ist, über den
ich lästere, weil er die Kirschen nicht vom Baum pflückt, oder
der Lehrer, der meinem Kind eine schlechte Note gibt. Die Ursachen für diese Dinge ergründen wir meist nicht, sondern suchen die Schuld beim anderen, um von uns abzulenken. Wie
schade. Würden wir die Grenzen unserer Mitmenschen respektieren, wäre es uns auch möglich, unsere eigene besser zu erkennen. Erst dann könnten wir individuell glücklich sein und
nicht Schutz suchend in der großen Masse unter gehen

„Nein, Liebes, so aber nicht!", das können wir erst sagen,
sobald wir unsere Tabus kennengelernt haben. Dazu gehört
auch, die Grenze auszuloten zwischen unserer Intimsphäre und
dem, was wir über unsere eigenen Vorlieben Preis geben wol-

len. Wir sollten unterscheiden zwischen dem „über Sex sprechen" und „über die Details von meinem Sex sprechen". Nur zu schnell verwischen sich die Grenzen dessen, was nur den Intimpartnern als „Geheimnis" vorbehalten ist und dem, was die Öffentlichkeit unbedingt wissen will oder sollte. Zu oft werden wir öffentlich bloß gestellt und in eine Schublade gedrängt. „Schlampe", „frigide", „naturgeil", „Macho" oder „Schlappschwanz" sind nur einige Schlagwörter. Verständlich, dass wir es dann vorziehen, gar nicht erst über Sex zu sprechen (siehe Kapitel Sprache).

Persönliche Tabus zu erkennen braucht nicht nur Zeit und Freude am Experimentieren, sondern wandelt sich auch innerhalb eines Lebens oder sogar innerhalb einer Beziehung ständig.

Grenzenlosigkeit hat einen weiteren gravierenden Nachteil: Weil alles, was gefällt und im gegenseitigen Einvernehmen geschieht, erlaubt ist, ist das „Verbotene oder Heimliche" abhanden gekommen. Die Zeiten, in denen Liebespärchen auf Hochsitze oder andere Örtlichkeiten zurückgreifen mussten, um sich besser kennenzulernen, sind längst vorbei. Wir sind technisch perfekt aufgeklärt und können am anderen gar nichts Aufregendes mehr entdecken, weil alles freizügig zur Schau getragen wird und erlaubt ist. Durch die verlorene Heimlichkeit ist die Auswahl an verfügbaren Sexualpartnern heute scheinbar unbegrenzt. Wir unterliegen ständig der Versuchung, es doch mit dem einen oder der anderen noch einmal zu probieren. Es scheint, als gäbe es immer wieder noch etwas Besseres. Wir erliegen dem Wunsch nach Neuem und Aufregendem. Das Bewährte scheint langweilig und für Langeweile ist in einem glücklichen Leben kein Platz. Wir streben nach Glück, der einzigen Liebe, dem besten und vollkommenen Beruf, dies scheint mit einem Partner allein nicht möglich. Viele Frösche und viele Prinzessinnen können geküsst werden, die Bereitschaft ist allgegenwärtig.

Was mindert die Lust?
- Inzesttabu
- Emotionale Zerrüttung
- Erektionsstörung
- Paradox der Leidenschaft
- Heißer Sex
- Verschiedene Bedürfnisse der Partner
- Ungeliebte Sexpraktiken oder Fantasien
- Scham, Schuld, diverse Ängste
- Dauerberieselung, Gewöhnung, Reizüberflutung
- Der „Alltag"
- Druck von außerhalb
- Grenzenlosigkeit, Tabulosigkeit
-Ständige Verfügbarkeit an willigen Sexpartnern

Was macht mir Lust?

Kathrin - Seid Freunde

Kathrin ist jetzt 85 Jahre alt und ich besuche sie in ihrer kleinen Wohnung. Sie ist mollig kann nicht mehr so gut laufen, ist aber bei klarem Verstand. Sie ist froh, mir erzählen zu können. Es scheint eine Erleichterung für sie zu sein.

„Ich weiß nicht mehr, wie alt ich war, als mein Stiefvater zu mir ins Bett kam. Meine Mutter ist Köchin gewesen und war oft lang unterwegs. Er legte sich zu mir und klärte mich auf. Erzählte mir, was es mit den Geschlechtsteilen auf sich hat. Und er zeigte mir sein Glied. Er warnte mich, ich solle keinen Mann in mich eindringen lassen. Und er tat es auch nicht, doch er fand es schön, wenn ich mit der Zunge an seinen Penis leckte. Lange Jahre fand ich nichts Schlimmes bei dem, was mein Vater getan hatte. Er wollte mich bewahren und beschützen, so redete ich mir ein. Nur durch einen Zufall erfuhr ich dann, dass es gar nicht mein leiblicher Vater war. Er hatte meine Mutter trotz mir, dem unehelichen Kind, geheiratet und mich aus dem Kinderheim geholt, als ich drei Jahre alt war. Ich liebte diesen Mann. Er ist im Krieg geblieben. Jeden anderen Mann habe ich später mit ihm verglichen. Kaum einer hatte wirklich eine Chance. Vor so manchem Fehltritt hat er mich bewahrt, so redete ich mir lange ein. Doch im Grunde hat er mich für meine Beziehungen versaut. Ich war nicht bindungsfähig, sobald mir ein Mann die Freiheit nahm, riss ich aus.

Es gab einige Männer in meinem Leben, mit denen ich trotz der Warnung meines Vaters auch Sex hatte. Immer mit der Angst im Rücken, ein uneheliches Kind zu bekommen. Was haben es die jungen Frauen heute gut, denn diese Angst müssen sie nicht mehr haben.

Erst mit 40 Jahren fand ich einen ruhigen Mann, ich dachte: „Mit dem kann ich den Rest meines Lebens verbringen." So war es auch. Er war bis dahin jungfräulich. Hatte eine schlechte Erfahrung gemacht und dachte, er könnte gar nicht mit einer Frau schlafen. Doch das klappte gut. Wir bekamen sogar ein Kind. Als wir so um die 50 Jahre alt waren, kam ein Freund meines Mannes und sagte: „Meine Frau und ich haben Schluss gemacht mit dem Sex. Da läuft nichts mehr." Ich sah noch die leuchtenden Augen meines Mannes. Es schien für ihn wie eine Offenbarung. So, als könne er sich von einer Last befreien. Seit diesem Tag hat er nicht mehr mit mir geschlafen. Dabei war er ein potenter Mann. Ich fühlte mich sehr verletzt. Er war sowieso kein zärtlicher Mann. Kein Kuss, keine Umarmung und dann auch keinen Sex mehr. Damals bin ich aus dem gemeinsamen Schlafzimmer ausgezogen. Das bedeutete Freiheit für mich. Und das Schnarchen meines Mannes nicht mehr zu ertragen. Vor sieben Jahren ist er verstorben und er fehlt mir sehr. Wir waren 34 Jahre verheiratet, über 20 Jahre lebte ich in einer Ehe ohne Sex. Ich habe ihn gepflegt bis zum Schluss. Liebe und Sex sind unterschiedliche Dinge. Wenn man alt ist, dann spielt er in einer Ehe keine Rolle mehr, dann zählt nur noch, ob man miteinander befreundet ist. Wenn Paare sich ständig streiten und einer stirbt, bereut man jedes Wort. Egal ob mit Sex oder ohne. Ich rate allen Ehepaaren: Seid Freunde."

Jörn und ich chatten miteinander. Er sieht gut aus und es macht Spaß, mit ihm zu schreiben. Er schreibt:

„Eine Ehe ohne Sex, das entwickelt sich so. Zumindest bei uns war das so. Im Laufe der Zeit wurde es immer weniger. Es wurde kein einseitiger Beschluss gefasst, mit dem der andere Partner zurechtkommen muss. Das wäre für die Partnerschaft dann reines Gift. Es geht einfach unter. Abends im Bett ist man so platt, dass an Vorspiel gar nicht mehr zu denken ist. Wir vermissen den Sex miteinander nicht. Meine Frau hat nicht so viel Verlangen wie ich. OK: das kann ich akzeptieren. Wir verzichten nicht auf körperliche Liebkosungen oder gemeinsames Kuscheln.

Wenn ich Lust verspüre, aber meine Partnerin keine hat, dann mache ich es mir selber und genieße auch dann einen wunderbaren Orgasmus. Trotzdem gehört Sex, mit all seinen Facetten, zum Leben dazu. Ist es moralisch verwerflich, wenn ich mit anderen Frauen chatte?

Ich bin auf zwei Seitensprung-Internet-Seiten angemeldet. Zum Sex mit den Frauen kommt es selten, weil es an der Umsetzung hakt. Solange keine Gefühle im Spiel und beide sich darüber einig sind, ist das eine gute Lösung. Es ist wie ein „Marktwert prüfen" und bewirkt einen riesigen Schub für das Selbstbewusstsein. Obwohl man das ja eigentlich nicht nötig hat.

Liebe und Sex sind für mich nicht dasselbe! Liebe ist bedingungslos, verantwortungsvoll. Sex ist Befriedigung meiner Lust und meiner Gier. Für mich gibt es auch Sex ohne Liebe! "

Markus erzählt am Telefon:

„Meine Frau lernte ich kennen, als ich mit deren Cousine in die Disco ausging. Sie sagte damals zu mir: „Pass mal bitte auf meine Cousine auf." Das tue ich heute noch. Das ist schon 21 Jahre her. Ich wusste sofort: „Das ist die Frau meines Lebens." Keine zwölf Stunden später waren wir ein Paar. Wir sind nun seit fast 17 Jahren verheiratet.

Sehr lange haben wir auf ein Kind gewartet. Vor fast sieben Jahren wurde unser Sohn geboren. Seitdem lässt meine Frau mich nicht mehr an sich ran. Auch wenn unser Sohn bei den Großeltern ist, komme ich ihr nicht mehr näher. Wir küssen und fummeln, aber zum Sex kommt es nicht. Das ist mein Problem. Ich habe sie darauf schon mehrmals angesprochen, doch dann wirkt sie so kalt und sagt: „Ach, das Thema schon wieder!" Wenn ich mit einem 'Ständer' aus der Dusche komme, beachtet sie mich gar nicht. Das irritiert mich. Heute rede ich zum ersten Mal darüber. Andere Leute interessiert das nicht. Ich frage mich, was ich falsch mache? Klar ich sitze viel am Rechner, aber ist das ein Grund, mir den Sex zu verweigern?

Ich glaube nicht, dass sie so darunter leidet wie ich. Wir verhalten uns ganz normal. Unsere Ehe ist gut. Wenn ich sie betrügen würde, wäre sie zu Recht sauer. Aber sie sollte mich auch verstehen. Jetzt möchte ich auch mal wieder meinen Spaß haben. Wir sind doch erst 43 Jahre alt. Fremdgehen kommt für mich nicht in Frage. Einige Pornoseiten sind ganz nett, dann hole ich mir vor dem PC mal einen runter. Zwei Minuten dann ist das erledigt. Aber das ist nicht dasselbe. Für mich war der Sex vor der Geburt unseres Kindes gut. Auf meine Frage: „Wie hättest du es denn gerne?", zeigt sie keine Reaktion. Ich verstehe es nicht und sie erklärt es mir nicht. Ich kann nur mutmaßen. Die Geburt war ein Notkaiserschnitt. Vielleicht hat sie Angst, so etwas noch einmal erleben zu müssen. Oder einfach nur Angst davor, noch einmal schwanger zu werden. Ich akzeptiere die Angst und zwinge sie nicht, das wäre ja wie eine Vergewaltigung.

Sex und Liebe sind nicht dasselbe. Sex gehört irgendwie zur Liebe dazu. Wenn du verliebt bist, dann merkst du es im Bauch. Du triffst jemanden und fühlst dich direkt angezogen. Man ist auf einer Wellenlänge und hat das Gefühl: das passt."

Dominique ist Nonne in dem buddhistischen Kloster in das ich mich zwei Tage zurückzog, um zu schreiben. Sie ist schmal, wirkt ausgezehrt und es dauert fast einen ganzen Tag bis ich mich traue, sie anzusprechen. Wer mich kennt, weiß, dass es mir sonst nicht sonderlich schwer fällt, mit Leuten in Kontakt zu treten. Doch in dieser Umgebung ist das etwas anderes. Dominique hat ihren weltlichen Namen abgelegt. Sie trägt die in diesem Kloster typische Kleidung. Ein weites, hoch zugeknöpftes Oberteil und eine weite Hose. Körperteile sind nicht zu erkennen. Ihre Haare sind geschoren. Ihre braunen Augen sind so vertrauensvoll, sie macht mir sofort Mut, meine Frage zu stellen. Auch im Gespräch macht sie mir Mut für mein Buch, verbeugt sich vor mir und bedankt sich für meine Frage. Sie ist von einer ganz besonderen Energie umgeben und ich stehe ihr nicht wirklich gegenüber sondern mehr seitlich neben ihr. Wir sprechen in Englisch und ich versuche, es so gut wie nur möglich aus meiner Erinnerung aufzuschreiben:

„Ich bin 60 Jahre alt. *(Das hätte ich nicht erwartet, sie sieht viel jünger aus.)* Vor zwanzig Jahren suchte ich einen neuen Weg. Zweimal war ich verheiratet, doch mir fehlte etwas. Hier im Kloster habe ich es gefunden. Damals behandelte ich meinen Körper nicht gut. Wenn du immer nur in den unteren Chakren lebst, dort spielt sich ja die Sexualität ab, dann ist es dir nicht möglich, in die oberen Chakras zu gelangen. Genauso ist es, wenn du immer nur im Kopf lebst und alles andere vernachlässigst. Wir sollten im Gleichgewicht sein. Das erreichen wir, wenn wir allen Regionen unseres Körpers volle Aufmerksamkeit schenken. Sonst kannst du keine Verbindung mit deinem Körper bekommen. Es ist wichtig, eine gesunde Beziehung zum Körper zu haben. Viel zu oft verlieren wir diese.

Für mich war der Weg ins Kloster mein Weg, um zu mir zu finden und ins Gleichgewicht zu kommen. Jeder hat seine Aufgabe, der eine hat die Aufgabe, zu lehren, der andere ein Buch zu schreiben und meine ist es, hier zu sein. Mein Körper wurde älter, er veränderte sich. Veränderungen, die wichtig waren. Ich vermisse keine Beziehung. Wir sind alle nur Seelen in einer menschlichen Hülle, deshalb spielt es keine Rolle, ob man Frau ist oder Mann. Wenn wir den richtigen Partner finden, kann es uns gelingen, gemeinsam aufzusteigen. Das ist möglich. Sex ist ein wichtiges Thema und es bedarf viel Heilung."

Erst als ich schon alles getippt hatte, ist mir aufgefallen, dass ich zum ersten Mal nicht die Frage stellte, ob Liebe und Sex dasselbe sind. Die Frage erübrigte sich für mich.

Elisabeth ist freundlich und lieb, das sehe ich ihr an. Wir sprechen miteinander und lachen viel. Sie hat ihren Mann auf einer Fete kennengelernt. Die beiden haben sich so gut unterhalten, dass es gleich gefunkt hat. Jetzt sind sie 15 Jahre verheiratet.

„Wir bekommen alle eine Vorstellung von "einer normalen" Familie übergestülpt. Dabei gibt es kein „normal". Es wird nur so getan, als ob es das gäbe. Doch jeder ist anders und jede Familie ist anders. Die heile Welt wird uns nur untergejubelt. Obwohl ich weiß, dass es so ist, kann ich es manchmal nicht verinnerlichen oder umsetzen. Der Wunsch, dass es doch anders oder "normal" sein könnte, nimmt uns oft gefangen.

Genauso ist es in der Ehe. Wir haben sehr sporadisch Sex miteinander. Vielleicht drei oder viermal im Jahr. Wenn es passiert ist, dann denke ich: „Das könnten wir öfter machen". Aber es kommt im Alltag nicht dazu. Eigentlich leide ich nicht darunter, aber manchmal glaube ich, dass wir Menschen einfach leiden wollen. Wir lassen uns darauf ein, zu glauben, es müsste anders sein, als es ist.

Wir können den Himmel auf Erden haben und trotzdem suchen wir etwas, das nicht stimmt. So geht es mir auch, dann denke ich z.B., dass wir mehr gemeinsam unternehmen sollten. Doch gleich darauf weiss ich, dass ich ebenso mit Freundinnen ausgehen kann. Was mir genauso viel, vielleicht sogar noch mehr, Spaß macht.

Es dauert seine Zeit, bis man verstanden hat, dass uns auch beim Thema Sex viel vorgegaukelt wird. Oft möchte ich die Fortsetzung eines Filmes sehen, dann jedoch mit dem Untertitel: "Zehn Jahre später". Ich wurde sehr christlich erzogen. Vor der Ehe sollte es keinen Sex geben. Alles, was damit zu tun hatte, war Sünde. Es gehörte sich nicht, über Geschlechtsteile zu sprechen. Das fällt mir immer noch schwer. All dies hatte einen leicht schmutzigen und negativen Touch. Es hat Jahre gedauert, bis ich das ablegen konnte.

Als ich jünger war, habe ich mit Freundinnen über Sex gesprochen. Heute mache ich das nicht mehr. Ich habe Angst davor, Tipps zu bekommen, die ich gar nicht hören will. Ich will meinen Mann davor beschützen, abgewertet zu werden. Ich möchte weder ihn noch mich rechtfertigen oder in die Verteidigungsschiene gedrückt werden. Ich brauche keine Verbündete, die mir sagt: "Nur so wenig Sex habt ihr miteinander? Dann musst du dich von ihm trennen!" Nur, weil wir weniger Sex haben, ist das noch kein Scheidungsgrund. Ehe bedeutet, sich gegenseitig zu stützen. Ich war lange genug allein, das ist auch nicht einfach. An die große Liebe glaube ich nicht mehr. Wer sich wegen einem anderen Partner scheiden lässt, der kommt vom Regen in die Traufe. Ein paar Monate ist alles wunderbar und dann geht es wieder von vorne los. Die Probleme sind nur andere.

Liebe und Sex sind zwei total verschiedene Sachen. Es gibt viele unterschiedliche Lieben, nicht nur die zum Ehemann. Zum Beispiel die Liebe, die eine Mutter zu ihrem Kind empfindet. Es gibt Menschen, die liebst du, aber du würdest nie mit ihnen ins Bett gehen wollen, weil die Verständigung auf einer anderen Ebene stattfindet."

Wozu denn heute noch heiraten?

Laut Grundgesetz der BRD (Artikel 6 Absatz 1) „Ehe und Familie stehen unter dem besonderen Schutze der staatlichen Ordnung." Als Ehe wird eine gesetzlich anerkannte Lebensgemeinschaft von Mann und Frau definiert. Genaue Regelungen stehen dazu im Bürgerlichen Gesetzbuch. Eine Ehe beinhaltet Rechte und Pflichten, die vor allem der Versorgung der Partner und der Definition von Familie dienen.

Erst seit 2017 ist eine Ehe in Deutschland auch für gleichgeschlechtliche Paare möglich. Bis dahin war nur möglich eine Lebenspartnerschaft eintragen zu lassen. Seit 2017 sind verheiratete gleich welchen Geschlechts nun hierzulande vor dem Gesetz gleichberechtigt. Das schließt eine Kindsadoption mit ein.

Die Geschichte der Ehe im Vergleich zum Bestehen der Menschheit ist erstaunlich kurz. Erst vier bis fünftausend Jahre schließen sich Mann und Frau in einer monogamen Gemeinschaft zusammen. Das hatte gewaltige Auswirkungen nicht nur auf die Beziehungen, sondern auch auf die Gesellschaft, deren Form lässt sich in den Ehegesetzen des jeweiligen Landes nachlesen.

Die Ehe diente politischen Zwecken und blieb lange der Oberschicht vorbehalten. Noch bis zum Ende des 19. Jahrhunderts waren mittellose Personen in vielen Staaten nicht ehefähig.

Im christlichen Sinne ist die Ehe seit 1200 n. Chr. ein Sakrament. „Ein Sakrament ist ein heiliges Zeichen für Gottes Liebe in einer kaputten Welt", so schreibt es Mickey Wiese seines Zeichens Pfarrer. Die Hinwendung zu christlichen Werten kann eine Ehe durchaus bereichern. Dort stellt sich die Frage nach dem Sex erst gar nicht, weil sie in strengen Gemeinden klar definiert ist und nur dem Zweck der Vermehrung dient.

Ehe bedeutet, gebunden zu sein und das an einen einzigen Menschen. Das Ende der Freiheit und der sichere Ehe-Hafen wirken wie ein Gefängnis. Das wir heutzutage auch gemeinsam andere Wege gehen können, das übersehen wir allzu gern.

Auch solche Worte wie: „Jetzt ist die Mark nur noch die Hälfte wert!" sind nicht gerade dazu geeignet, als Fürsprecher für die Institution Ehe zu dienen. Trotzdem heiraten in Deutschland immer noch ungefähr doppelt so viele Paare, wie es Scheidungen gibt. 2012 lag die Zahl laut statistischem Bundesamt bei 387.423 Eheschließungen im Gegensatz zu 179.147 Scheidungen.

In alten Urkunden meiner Familie habe ich einmal nachgeforscht:

Meine Urururoma väterlicherseits Maria Elisabetha heiratete am 14. Juli 1817 meinen Urururopa Johann Wilhelm Theis. Nur einen Monat später wurde ihr erster Sohn geboren. In den späteren Generationen meiner Familie wurden die genauen Hochzeitsdaten leider gar nicht erst eingetragen.

Die erste Frau meines Opas war ein uneheliches Kind. Auf der Geburtsurkunde wird bescheinigt, dass die Eltern im Oktober 1928 ehelich eingesegnet und das bereits im Juli geborene Kind legitimiert wurde. Ein uneheliches Kind wäre in dieser Zeit ständigen Angriffen ausgesetzt gewesen. Ein Beruf war bei keiner meiner weiblichen Verwandten eingetragen worden. Damals war eine Ehe nicht nur Versorgungsinstitution, sondern bedeutete auch eine Erweiterung von Land und Macht. Fürstenhäuser, die sich mit geschickter Heiratspolitik zu vermehren wussten, konnten ihren Einfluss erweitern. Die Mitgift war ein willkommenes Mitbringsel, um so manchen Mann zu sanieren. Frauen wurden dabei nur selten gefragt. Ganz im Gegenteil, sie wurden moralisch in die Pflicht genommen.

Meine Urgroßmutter mütterlicherseits wurde, als sie von einem Anstreicher ein Kind erwartete, vom großen elterlichen Bauernhof geworfen. Ihre älteste Tochter, also meine Oma, erlitt das gleiche Schicksal. Erst ich bin seit Generationen die erste Tochter, deren Geburt nicht nur ehelich sondern auch gewollt war.

Gar so lang ist es mit der weiblichen Selbstbestimmung also gar nicht her. Das Modell des Versorgers hat mittlerweile ausgedient. Frauen, die für uns das Recht auf Ausbildung und

Gleichberechtigung erkämpften, sei Dank. Viele Umstände haben dazu geführt, dass die Ehe als Lebensmodell, welches auf einer guten Zusammenarbeit von Mann und Frau beruht, aus der Mode gekommen ist. Heute heiraten wir aus Liebe. Damit idealisieren wir die Ehe und geben der Liebe eine Bedeutung, die sie gar nicht leisten kann.

Ein Vorteil dieser Lebensgemeinschaft ist bisher immer noch, dass die Kindererziehung einfacher ist. Ein gut funktionierendes Paar kann es schaffen, seinen Nachwuchs zu Höchstleistungen anzuspornen. Alleinerziehende müssen sehr viel mehr Energie aufbringen und sind ohnehin mehr als doppelt belastet.

Ehe dient also auch dazu, eine Familie zu gründen. Hier gibt es den netten Spruch: „Männer heiraten, damit sie endlich so viel Sex haben können, wie sie wollen. Frauen heiraten, damit sie damit aufhören können." Diesen lasse ich mal unkommentiert so stehen. Mir fallen noch andere Gründe ein, warum Menschen heiraten:

- Die Sicherheit

Damit ist nicht die materielle, sondern die emotionale Sicherheit gemeint. Mit der Hochzeit demonstrieren wir sichtlich, dass wir es geschafft haben, dass sich ein Mann nur für uns entschieden hat. Wir haben es erreicht, den eigentlich nicht monogam lebenden Mann an uns zu binden. (Es ist schon bewiesen, dass auch Frauen nicht unbedingt monogam leben können, jedoch sind wir jahrhundertelang gezähmt worden.)

Der Ehering ist sichtliches Zeichen für alle Konkurrentinnen, (und die Konkurrenz ist groß, denn die jungen hübschen Frauen sterben nicht aus, sondern wachsen nach) dass dieser Mann sich vor dem Gesetz für mich entschieden hat. Vielleicht hat er sogar vor Gott einen Eid abgelegt, was die ganze Sache noch besser macht und den Traum vom weißen Kleid wahr werden ließ. Ich als Frau habe also den Mann gezähmt, und zwar durch meine Einzigartigkeit. Keine andere vor mir hat dies vollbracht. Das gilt natürlich auch umgekehrt.

Wir Frauen bräuchten nicht auf die Ehe zu drängen, wenn wir uns sicher wären, dass der Mann uns allein gehört. Genau das ist für Männer oft ein Alptraum, denn diese brauchen die Freiheit. Wir Frauen steigen im Ansehen untereinander, sobald wir verheiratet sind. Der Satz: „Das ist meine Frau!" kann uns so zum Strahlen bringen, dass wir alles andere vergessen.

Die Stellung in der Gesellschaft erhöht sich im Allgemeinen. „Eine Frau ohne Partner, was läuft bei der nur falsch? Sie ist zu zickig, zur bindungsunfähig oder gar frigide? Oder treibt sie es etwa mit jedem?" Bei Männern sehen die Fragen nicht viel anders aus.

- Der Wunsch, den Seelenverwandten zu finden

Der Wunsch, den einzig zu uns passenden Seelenpartner zu finden, ist weit verbreitet. Dieser Wunsch ist bei Frauen viel vorherrschender. Denn es ist ein Gefühl von Geborgenheit. Wir sind sehr oft auf der Gefühlsebene = Hauptsache er hat mich lieb. Männer sind sehr oft auf der Sachebene = Hauptsache ich kriege Sex.

Wir sehnen uns danach, den Partner zu finden, der uns ohne Worte versteht. Leider vergessen wir Frauen sehr oft, dass ein Mann kein Lückenfüller ist. Wenn ich mit einem Partner meine eigenen Unzulänglichkeiten verdecken möchte, bedeutet dies, dass ich bedürftig bin. Sprich: der Partner verkörpert das, was mir fehlt. Fühle ich mich selbst hässlich und klein und ich finde einen Partner den, ich schön und groß finde, schließt sich eine Lücke. Das ist praktisch, denn ich muss nicht an mir arbeiten, sondern hoffe, der Partner nimmt mich an die Hand. Die Märchen von Aschenputtel oder -brödel, Drosselbart oder so nette Filme wie Pretty Woman und Dirty Dancing bestätigen das. Auch die bekannte Geschichte von Christian, der unendlich verliebt in seine Anna ist und umgekehrt. Er macht sie glücklich im Leben und beim Sex. Ganz zum Schluss haben sie auch noch zwei Kinder und wegen reichem Mann keine Sorgen. Herrlich heile Welt. Die Sehnsucht nach Vollkommenheit mit einem Partner lebt immer wieder auf und Träumen ist -natürlich- erlaubt.

Die Realität sieht oft anders aus, doch der tiefe Wunsch nach Vollkommenheit bleibt.

- Es ist praktisch

Es ist nicht abzustreiten, dass die althergebrachte Arbeitseinteilung von Vorteil ist. Vor allem ich habe es sehr genossen, als ich nach der Geburt unserer Kinder mein Muttersein voll und ganz ausleben durfte. Ich bewundere die Frauen, die ihre Kinder bereits mit zwei Jahren, oder noch früher, in fremde Hände geben können. Ich konnte das nicht. Zu groß war meine Eifersucht, nicht miterleben zu können, wie sie aufwachsen, oder der Wunsch, ihnen meine Vorstellungen und Werte zu vermitteln. Ich mag es, meine Kinder zu beobachten und zu begleiten. Sie lehren mich Demut. Dafür habe ich finanzielle Einbußen und eine gewisse Abhängigkeit von meinem Ehemann gern hingenommen. Vollzeitmutter, das ist eine Facette, die viele junge Frauen oft vernachlässigen.

Eine Doppelbelastung hätte ich nicht ausgehalten und die "Decke" ist mir auch nicht auf den Kopf gefallen. Ich war 10 Jahre Vollzeitmutter, das hat mir mein Ehemann ermöglicht. Ich brauchte keine Angst zu haben, meine Unabhängigkeit zu verlieren, um nach einem möglichen Scheitern der Beziehung mich selbst versorgen zu müssen. Das hat er mir durch die Ehe und die Familienversicherung ermöglicht. Dafür bin ich ihm sehr dankbar.

- Tradition

Wir wissen sehr oft, was von uns erwartet wird. Vor allem unseren Eltern wollen wir gefallen. Dort wo noch alte Strukturen herrschen, wird der Wunsch zur Hochzeit anerzogen. Das ist die Sehnsucht nach Glück. Oft wird uns suggeriert: Du kannst nur in einer Partnerschaft glücklich sein. Und das, obwohl wir doch heute alle selbst Geld verdienen. In ländlichen Gebieten und tief religiösen Verbindungen wird das Thema gar nicht erst in Frage gestellt.

- Das Laster und die Tugend

Herakles sollte sich am Ende seiner Ausbildung zum griechischen Helden an einer Gabelung für einen Weg entscheiden. Zwei Frauen kamen auf ihn zu, eine strahlte Schlichtheit, Reinheit, Anstand und Adel aus, die andere war wohl genährt und von schwellender Fülle. Sie war grell geschminkt und ihr Gang war selbstgefällig. Diese forderte Herakles auf: „Nimm mich zur Freundin. Ich führe dich auf die angenehmste Straße. Du sollst alle Lust auskosten, jede Mühe kannst du meiden. Deine einzige Sorge wird sein, dich an Speisen und Getränken zu laben. Du wirst die Früchte fremden Fleißes genießen und du brauchst keinen Finger dafür zu rühren." Herakles wollte wissen, wie man die Frau nannte, da antworte sie: „Meine Freunde nennen mich das Glück, meine Feinde, die mich herabsetzten wollen, nennen mich das Laster!" Die andere Frau sagte Herakles: „Komm zu mir, denn ich kenne deine Eltern, deine Anlagen und deine Erziehung. Ich spiele dir keine Genüsse vor, sondern sage dir, wie die Götter es wollen. Die Götter gewähren den Menschen nichts ohne Mühe und Arbeit." Wie wir wissen, hat sich Herakles für den Weg der Tugend entschieden. Viele von uns sind tugendhaft erzogen. Eine Ehe gehört seit Generationen zu dem Weg, der uns vorgeschrieben scheint. Und das, obwohl das Laster lockt und uns ebenso Glück verheißt.

Wozu dient die Ehe?

- der Sicherheit sowohl emotional wie auch finanziell
- der Kindererziehung
- der Tradition
- der Vermeidung von Konflikten
- um eine Lücke zu füllen
- um Prestige und Ansehen zu erlangen
- um den Partner zu versorgen
- damit wir nicht allein sind
- um den Schein zu wahren
- um Macht über den Partner zu erlangen
- der Liebe

Wozu dient meine Ehe?

Bei den Recherchen und Interviews zu diesem Buch wurde mir sehr schnell klar: Es gibt verschiedene Gründe für eine Ehe ohne Beischlaf und diese liegen nicht immer an der Lust.

- Ein Partner/in ist krank. Er/sie hat Schmerzen, muss blutverdünnende Medikamente nehmen oder hat Schlimmes (Traumata, Depression, Burnout) erlebt.
- Schmerzen beim Geschlechtsverkehr
- Ein Partner/in ist beruflich immer unterwegs.
- Beide Partner finden sich nicht mehr so begehrenswert.
- Ekel vor dem Partner oder einer Praktik
- Religiöse Einstellungen, die den Sinn dazu verwehren
- Kinder sind geboren
- Der Alltag lässt keinen Platz dafür.
- Verschiedene Neigungen, die anderweitig ausgelebt werden
- die Angst vor einer Trennung
- der geduldete Betrug des Partners
- die Angst, sich aus wirtschaftlichen oder emotionalen Gründen zu trennen
- Ein Partner/in hat einfach keine Lust auf den Beischlaf.
- schon vor der Ehe gab es keinen Sex

Diese verschiedenartigen Gründe habe ich in vier Gruppen eingeteilt.

1. Auf Sex wissentlich verzichten

Nonnen werden landläufig als die Ehefrau Jesu angesehen. Der Professring, den die meisten Nonnen tragen, zeigt die tiefe Verbundenheit zu Gott an. Leider scheiterten meine Versuche, katholische Nonnen oder gar Mönche für ein Gespräch zu gewinnen. Sublimierung nennen wir das Umleiten von sexueller Energie in Kreativität. Nicht nur christlich motivierte Menschen verzichten freiwillig auf Sex. Auch Jörg Zittlau stellt sich mit seinem Buch: „Wer braucht denn noch Sex?" die Frage, ob es nicht mehr Frieden auf der Welt gäbe, würden wir unseren Trieb mehr zu zügeln wissen. Zahlreiche Philosophen haben sich den verschiedensten Thesen angeschlossen. Auch Mönche und Nonnen im buddhistischen Kloster entsagen dem Sex.

Zitat aus dem Prajnamparamita-Herz-Sutra:
„Form ist Leerheit, Leerheit ist Form;
Form ist nichts anderes als Leerheit,
Leerheit ist nichts anderes als Form.
Das gleiche gilt für Empfindungen, Wahrnehmungen, Geistesformationen und Bewusstsein."
Nur wer ohne geistige Hindernisse ist, findet das Verstehen und die Erleuchtung, nach der die Mönche und Nonnen suchen. Sex stört dabei verständlicherweise, denn er vernebelt unser Hirn. Sex-Fasten ist also eine Möglichkeit, das Gehirn zu entlasten.

2. Kein Bedürfnis nach Sex haben

Als asexuell bezeichnet, gibt es Menschen, die nicht das Bedürfnis oder Verlangen haben, sich mit einem anderen Menschen zu vereinigen. Ähnlich dem Vegetarier, der kein Verlangen nach Fleisch verspürt. Oder dem Heterosexuellen, der kein Verlangen danach hat, mit seinem eigenen Geschlecht zu schlafen. Kuscheln und Küssen sind davon allerdings ausgeschlossen. Asexuelle sind nicht kontaktscheu, sondern brauchen einfach keinen Sex. Ich denke, es gibt in jedem Leben asexuelle Phasen, die uns gar nicht so bewusst sind.

3. Nicht können

Krankheiten, Traumata (auch beim Mann), Vaginismus oder altersbedingte Erektionsstörungen können dazu zwingen, dass wir uns von diesem Thema verabschieden müssen. Daraus ergibt sich für mich die Schlussfolgerung: Wenn ein Partner plötzlich und unerwartet nicht mehr in der Lage ist, dann muss der andere sich damit abfinden. Paare trennen sich nicht einfach. Sie bleiben zusammen. So las ich erst kürzlich von einem Mann der seine 38-jährige Frau nach einem schweren Schlaganfall pflegt. In dem Artikel wird nicht gefragt, was er nun mit seinen Bedürfnissen nach Leidenschaft macht. Auch Corinna, die Frau von Michael Schuhmacher, wird nach dem tragischen Skiunfall ihres Mannes niemand fragen: „Und was macht Ihr Sex?" Das werte ich als positives Zeichen dafür, dass es andere und wichtigere Grundbedürfnisse und Werte gibt, als sich mit dem Partner zu vereinigen. Einer davon heißt: Gesundheit und Wohlbefinden des anderen.

4. Nicht wollen

Das nicht-Wollen gliedert sich in verschiedene Bereiche wie:

- Falsche Erwartungen:

Ich befürchte, meinen Partner nicht mehr attraktiv zu finden. Das beginnt praktisch gleich nach dem Ja-Wort. Sehr erstaunt war ich über einen jungen Mann, der mich kontaktierte, obwohl er erst ein halbes Jahr verheiratet war. Er wollte von mir wissen, was er tun kann, damit die Lust bleibt. Junge Menschen gehen also schon mit der Erwartung, dass ihr Sexleben anders wird, in die Ehe.

-Die Angst

Aus Angst etwas falsch zu machen und damit den Partner zu vergraulen. Die Angst, dass mein Partner mich nicht mehr attraktiv findet.

-Die Lust

Mein Partner oder ich haben keine Lust.

Es kann sein, dass ich meinem Partner zuliebe etwas mitgemacht habe, was mir nun nicht mehr gefällt. Oder mein Partner hat plötzlich kein Bedürfnis mehr, mit mir zu schlafen. Oftmals bleibt sie einfach so weg, die Lust. Zuerst fällt es nicht auf. Irgendwann fragen sich beide: Wo ist sie hin, unsere Lust aufeinander?

- Liebe siegt über den Akt

Paare die es geschafft haben, sich ihrer Liebe bewusst zu sein, brauchen keinen Sex mehr, um sich nah zu sein. Sie sind vielmehr auf spiritueller Ebene verbunden. Während es bei dem „nicht-Können", meist ohne fremde Hilfe von Ärzten, Therapeuten oder Heilpraktikern kein Weiterkommen mehr gibt, setzen die meisten Tipps und Tricks, die uns in vielerlei Form angeboten werden, dort an, wo die Lust bei beiden Lebensgefährten nachlässt. Da kann es dann auch helfen, wenn die Frau sich in die mittlerweile schon in normalen Katalogen angepriesene Reizwäsche wirft und den Mann damit überfällt. Oder der Mann schafft es, sich um seine Frau zu bemühen, in dem er sich einmal in der Woche Zeit nimmt sich für ihre Bedürfnisse zu interessieren (bedeutet: Zuhören).

Ja, tatsächlich gibt es sie, die Ehen, die ohne Sex funktionieren. Doch nur die wenigsten reden darüber. Weder die älteren Generationen mit den jüngeren, noch fragen die Jüngeren die Älteren. Wahrscheinlich liegt es daran, dass wir Kinder uns gar nicht vorstellen wollen, wie es unsere Eltern noch immer miteinander treiben. Da ist es einfacher, gar nichts zu sagen.

„In einer Langzeitbeziehung ist das übrigens nicht unbedingt ein Krisensymptom sondern kann – man staune – auch ein Beleg für die Stabilität der Beziehung sein.", schreibt Amelie Fried mit ihrem Mann in dem Buch: „Verliebt, verlobt, verrückt? Warum alles gegen die Ehe spricht, und noch mehr dafür." Sie beschreibt, dass Sex nicht nur das Ausleben eines Triebes, sondern auch ein Mittel ist, sich des anderen zu versichern. Das spielt am Anfang einer Liebe eine größere Rolle als später. Wenn die Partner sich aufeinander verlassen können und die Zuverlässigkeit des anderen bereits erlebt haben, nimmt das Bedürfnis nach Sex ab. Frau Fried ist mal eine der Frauen, die schon lang genug verheiratet ist, um es zu wissen.

Wir sollten nicht den Fehler machen, Ehen, die ohne Sex auskommen, wie bereits abgestorben zu betrachten. Mangelnder Sex kann ein Indiz dafür sein, dass etwas in der Beziehung nicht stimmt, muss es aber nicht.

Paare die es schaffen, die gegenseitige Wertschätzung und die positiven Dinge des Partners zu würdigen, kommen auch ohne Sex aus. Deren Liebe ist geradezu so groß, dass Sex an Bedeutung verliert. Es gibt verschiedene Gründe, warum eine Ehe ohne Sex auskommt oder auskommen muss. Das Bindungshormon Oxytocin wird auch durch Küssen und Streicheln erzeugt und nicht nur durch Sex.

Eine Ehe dient niemals nur dem Sex allein. Es gibt viele Faktoren, die für eine Ehe sprechen. Vertrauen, Fürsorge und Verständnis füreinander. Es ist erwiesen, dass gebundene Partner länger leben. Natürlich sind es auch finanzielle Aspekte, die vor allem noch unsere Großmütter an einen Ehemann gebunden haben. Dass sich das heute geändert hat, sehen wir an den steigenden Scheidungsraten.

Neben den Krankheiten hat sicher mangelnde Lust einen großen Anteil an der Ehe, die ohne Sex auskommt. Die Angst vor Unlust und Langweile scheint mir die größte Sorge zu sein. Das erklärt auch, warum es Sex-Sonderhefte gibt. „Die 100 besten Sextricks", „Was Sie schon immer über Sex wissen wollten", „Wie Sie die Liebe finden, nach der Sie sich sehnen" oder „Das Horoskop der erogenen Zonen", so heißen die Schlagzeilen, die uns locken.

Natürlich kommt es vor, dass die Partner sich einfach nur aneinander gewöhnt haben und auch nichts vermissen. Ebenso kann es sein, dass eine klare oder stillschweigende Absprache vorliegt, die da lautet: „Wir leben jetzt ohne Sex."

Diese Absprache kann einiges vereinfachen! Das größte Ungleichgewicht in einer Beziehung ergibt sich aus dem unterschiedlichen Bedürfnis nach Nähe und Distanz. Schaltet das Paar dieses einfach aus, kehrt Ruhe ein. Umarmungen sind dann möglich, ohne dass der eine sich bedrängt fühlt oder dass der andere meint, unbedingt seine eheliche Pflicht erfüllen zu müssen.

Warum funktioniert eine Ehe auch ohne Sex?

- Das Bindungshormon Oxytocin wird auch durch Küssen und Streicheln erzeugt, nicht nur durch Sex.
- Wenn die Sexualität weniger wird, kann dies ein Zeichen für eine stabile Beziehung sein und muss nicht unbedingt einen schlimmen Grund haben.
- Steigt die Wertschätzung der Partner, ist die Ehe nicht in Gefahr.
- Das Wohl und die Gesundheit des Partners sind wichtiger.
- Die geistige und emotionale Bindung heben die körperliche auf.
- Beide reden nicht mehr über dieses Thema.
- Die Partner sind aneinander gewöhnt. Die Gewohnheit

siegt.
- Es gibt eine klare Absprache: Wir wollen ohne Sex leben!

Wenn eine Ehe doch auch ohne Sex funktioniert, warum ist es dann ein Grund zum Leiden?

Folgendes kann der Fall sein:
- Die Ehepartner sprechen nicht miteinander über das Thema.
- Niemand spricht darüber, daher weiß auch keiner, wie viele Ehen ohne Sex funktionieren.
- Wir haben die Angst, nicht „normal" zu sein.

Paare, die gemeinsam an diesem Thema arbeiten wollen, brauchen meist keine Hilfe durch einen Außenstehenden. Ihnen reichen tatsächlich ein paar Anregungen, wie wir sie in den Illustrierten finden. Im Vorfeld habe ich so viel gelesen über Tipps und Tricks im Bett, dass ich schon allein darüber ein Buch schreiben könnte. Meist sind die Tipps, die sich in jedem Frühjahr in der Boulevardpresse finden, sehr anregend. Für ein Paar, das allerdings schon Wochen oder Monate keinen Sex mehr hatte, sind sie ungeeignet. Was schleichend endet, kommt nicht über Nacht zurück. Der aus solchen Aktionen entstehende Beischlaf kann einen schalen und sehr unbefriedigenden Nachgeschmack haben.

Diese von mir zusammengetragenen Anregungen sind für Paare gedacht, deren Sex nur ein paar neue Impulse braucht. Sie sollten mit Spaß und Freude verknüpft sein. Keinesfalls sollten wir den Fehler machen, die Anregungen mit Stress und Leistungsdruck zu verbinden. Das bewirkt nur das Gegenteil.

Auf meiner Suche bin ich auf unterschiedliche Theorien gestoßen, wie Paare wieder zu einander finden können. Eine Theorie besinnt sich auf die ehemalige Verliebtheit. Paare sollten versuchen, sich wieder ineinander zu verlieben, die Hormone spielen wieder verrückt und die Lust kehrt zurück. Erlaubt ist alles, was den Alltag aus der Routine bringt und Neues ins Eheleben bringt –wir sprechen vom heißem Sex.

Die andere Theorie schwört auf die bereits erlebte Vertrautheit und ignoriert die Hormone. Da verabredet man sich, um Sex zu haben und es dann auch zu tun oder man wird langsamer in seinen Bewegungen, bringt damit eine neue Qualität in die Sexualität und mehr Tiefe in die Beziehung- wir sprechen von kaltem Sex. Wie es sich anfühlt, sich gegenseitig wieder „heiß" zu machen oder „kalt" zueinander zu finden, muss jedes Paar selbst herausfinden. Am allerbesten funktioniert es, wenn wir über unsere Bedürfnisse, Wünsche und Fantasien miteinander sprechen könnten. Vielleicht gibt dieses Buch dazu einige Impulse.

Sich auf das Positive ausrichten

Ein Paar, das in einer funktionierenden Beziehung lebt, fokussiert sich auf die positiven Dinge des anderen und vor allem auf seine Worte. Gegenseitige Wertschätzung und Achtung des Partners sind wichtig. John Gottmann hat herausgefunden, dass glückliche Paare positive Aktionen, sprich Worte und Taten, im Verhältnis zu den negativen 5:1 nutzen. Bei frisch Verliebten ist das Verhältnis 15:1. Das bedeutet, dass 15 Dinge am Partner positiv auffallen, aber nur eines negativ. Somit fallen bei neu Verliebten die schlechten Dinge gar nicht erst auf. Wenn sich dann im Laufe der Zeit Gewohnheit und Vertrautheit einstellen, glauben wir, den Partner besser zu kennen und fokussieren uns immer mehr auf das Negative.

Christian Thiel beschreibt in seinem Buch: "Wieso Frauen immer Sex haben wollen und Männer immer Kopfschmerzen haben", wie diese falsche Fokussierung Einfluss auf den Sex haben kann. Er rät Paaren, sich auf die positiven Dinge zu konzentrieren. Dazu gehört auch, dass nicht alle Probleme gelöst werden können. Er nennt es Vitamin V und meint mit „V" das Verständnis füreinander. Er hält dies für den wichtigsten Grund, warum Paare zusammenkommen: Die Suche nach Verständnis und Zuwendung. Paare sollten liebevoll miteinander sein. Gespräche, Zärtlichkeit und Sexualität bilden ein Dreigestirn der Intimität. Während viele behaupten, dass alle drei Punkte wichtig sind, behaupte ich, dass das eine und das andere sich ergänzen können. Geiler Sex hebt mangelnde Zärtlichkeit auf. Fehlender Sex kann durch Zärtlichkeit ersetzt werden. Worte, die positiv begleitend sind, unterstützen oder ergänzen natürlich ebenfalls. In einer Ehe, in der sich die Partner mit Verständnis und Zuwendung umeinander bemühen, geht es nicht um das "Rechthaben", denn aus dem eigenen Standpunkt heraus hat jeder einzelne Recht. Es geht stattdessen um den Kompromiss. Thiel schreibt: "Schwierigkeiten in einer Beziehung werden in der Regel nicht von einem der beiden Beteiligten allein verursacht. Sie resultieren aus dem Verhalten der beiden Liebenden, aus deren Zusammenspiel." Harmonie um jeden Preis ist genauso schädlich wie Schuldzuweisungen.

Der Weg zwischen Gemeinsamkeit und Selbstaufgabe ist sehr schmal. Ständiges Aufeinanderhängen ist genau so schwierig zu handhaben wie der Wunsch nach Eigenständigkeit. Der Wunsch nach Nähe und der Wunsch nach Individualität sollten sich die Waage halten. Sowohl das eine als auch das andere sind wichtig für ein gutes Verhältnis in einer Beziehung.

Chuck Spezzano schreibt: „Liebe ist Verschmelzung, Respekt bedeutet dagegen Differenzierung."

Ich sage: „Frauen wollen begehrt werden, Männer wollen gebraucht werden." Sowohl das eine als auch das andere lassen mit den Jahren nach. Sich dies wieder ins Gedächtnis zu rufen, hilft schon mal, den Partner zu brauchen oder die Frau wieder zu begehren.

Die Liebe zelebrieren

Es gibt tatsächlich Paare, die es schaffen, den Sex im Alltag nicht verkommen zu lassen. Sie zelebrieren ein Ritual, welches sich wöchentlich wiederholt und das für beide nicht langweilig wird. Seitdem ich mich mit dem Thema beschäftige, sprechen mich vor allem Frauen darauf an, denn dieses Ritual ist für die Beteiligten und deren Beziehung wirklich wichtig. Bliebe es aus, wäre die Partnerschaft entzwei gerissen. Doch das betrifft höchstens ein Drittel aller Paare. Mich freut es immer, davon zu hören, vor allem, weil wir dann über Sexualität ins Gespräch kommen. Vielleicht kann es für die Leser eine Anregung sein, ein Fest der Liebe aus dem Akt zu machen und die Lust außer Acht zu lassen.

Sich mit der Technik beschäftigen

Im Grunde halte ich nichts davon, wenn das Liebesspiel in einer Sportstunde endet. Doch die eine oder andere Abwechslung kann nicht schaden, wenn wir unseren Humor dabei nicht vergessen. Sex-Pannen, wie die Papierrolle, die gerade in unerreichbarer Ferne ist oder das Massageöl, das schon ranzig riecht, bieten genügend Anlass, einfach mal gemeinsam und miteinander zu lachen. Verschiedene Varianten im Liebesspiel können wieder Lust machen. Das funktioniert jedoch nur, wenn beide damit einverstanden sind. Und das ist dann schon der Haken an der Sache. Sobald nämlich einer der beiden „mauert" sieht es schlecht aus.

Tantra zum Beispiel ist viel mehr als eine Liebestechnik. Tantra ist eine Lebenseinstellung. Es beginnt damit, sich selbst und seinen Körper wieder kennen und empfinden zu lernen. Herauszufinden, wo bin ich verspannt, wo ist mir kalt, wohin geht mein Atem und wie geht es mir, um sich dann für den anderen zu öffnen. Wir liegen nackt nebeneinander, versuchen uns selbst Aufmerksamkeit zu schenken, um dann unsere Aufmerksamkeit auf den anderen zu richten. Das Paar schaut sich lang in die Augen. Wir beginnen, uns zu streicheln. Die Vereinigung geschieht hierbei eher zufällig, fast unabsichtlich. Hier wird Sex als die Verschmelzung von Herz und Seele verstanden und spielt eigentlich eine Nebenrolle.

Auch im viel zitierten indischen Kamasutra geht es nicht einzig um die Technik sondern um den Umgang mit dem anderen Geschlecht. Dieses Lehrbuch ist vielen leider nur von den gymnastischen Abbildungen her bekannt.

Noch viel weniger dürfte es die afrikanische Liebeskunst in die Schlafzimmer geschafft haben. In Zentralafrika wird schon jahrhundertelang eine Technik vollzogen, bei der es darum geht, mit dem Penis des Mannes die Klitoris der Frau zu reizen. „Kunyaza" wird sie in Ruanda und Burundi genannt. Dabei dringt der Partner auch immer mal wieder in seine Partnerin ein. Ziel des Mannes ist es, seine Partnerin bis zum Orgasmus zu erregen. Viele afrikanische Frauen wissen um die Fähigkeit, zu ejakulieren (auch Frauen sind in der Lage, eine Flüssigkeit aus Scheidensekreten abzuspritzen). Europäerinnen brauchen oft viel Übung, um sich so weit gehen lassen zu können.

Viele Frauen bevorzugen es, den G-Punkt massiert zu bekommen. Dieser Punkt wurde offiziell 1950 von dem deutschen Gynäkologen Ernst Gräfenberg entdeckt. Er befindet sich in der oberen Wand der Vagina, etwa drei bis fünf Zentimeter vom Scheideneingang entfernt. Eine Stimulation dieser Stelle kann allerdings auch unangenehm sein. Die Vagina der Frau ist für beide immer eine Entdeckungsreise wert. Ein lustvoller Punkt für den Mann ist seine Prostata, die sich gut am Damm massieren lässt. Allerdings gibt es auch Männer, die das nicht mögen. Die Haut mit ihren vielen Sinneszellen lädt ein, den Körper einmal allein oder zu zweit zu erkunden.

Sich mit dem Essen beschäftigen

Seit 3000 Jahren bedient sich die Traditionellen Chinesischen Medizin (TCM) eines ganzheitlichen Ernährungssystems. Neben den therapeutischen Methoden wie Akupunktur, Kräuteranwendungen oder Heilgymnastik spielt auch die Ernährung eine Rolle. Danach beeinflussen fünf Elemente unser Leben und unsere Organe (Feuer, Wasser, Holz, Metall und Erde) sowie die männlichen und weiblichen Anteile (Yin und Yang). Es wird gesagt, dass jeder von uns gleich viele Yin- und Yang-Anteile hat. In China ist es seit je her bekannt, dass die Frau länger braucht, um das Yang ihrer Erregung zu entfachen. Der Mann hingegen hat seine männlichen Anteile schneller im Griff.

Deshalb war es die Pflicht des Mannes, sein Yang zurückzuhalten, um der Frau Genuss zu verschaffen. Die sexuelle Begegnung diente dazu, die gegenseitige Lebenskraft zu stärken um dadurch geistige Reife und Gesundheit zu erlangen.

Den Nieren wird die Verantwortung für Liebeskraft, Selbstbewusstsein, erotische Ausstrahlung, Potenz und Libido zugeordnet. Die Säfte der Niere dienen als Grundlage für Fruchtbarkeit, Ausdauer, Einfühlungsvermögen, für die Fähigkeit sich zu öffnen und sich hinzugeben. Oftmals wird bei Frauen ein Yang-Mangel der Nieren als Grund für sexuelles Desinteresse diagnostiziert. Doch auch ein Leber-Qi-Stau (also ein Stau der Lebensenergie) oder unausgeglichenes Yin und Yang des Herzens können Ursache sein. Dies gilt ebenso für den Mann. Barbara Temelie gibt in ihrem Buch: „Ernährung nach den fünf Elementen", Fabrikzucker als Liebestöter Nr. 1 an. Alltäglich verzehren wir zu viele Süßigkeiten. Um Nierenenergie anzuregen, weil ein Yang Mangel vorliegt, empfiehlt sie, die Nieren mit wärmenden Lebensmitteln anzuheizen. Zum Beispiel Hühnersuppe mit

Frühlingszwiebeln und Curry oder gedünstete Äpfel mit Zimt und Kardamom oder einfach nur mit Yogi-Tee. Dass Lebensmittel aphrodisierende Eigenschaften haben können, ist sicher jedem bekannt. Dass es neben der Auster noch ganz viele andere anregende Lebensmittel gibt, wahrscheinlich nicht. Eine Internetrecherche bringt eine Vielzahl wohlschmeckender Gerichte zum Vorschein. Ein mit Liebe gekochtes Essen wird auch Liebe erzeugen, die vielleicht das Mahl im Bett enden lässt. Nun ja, mal miteinander zu kochen und wieder aufzuräumen, das hat auch was, oder?

Mit Entsetzen musste ich kürzlich lesen, dass laut der „Meta-Medizin", Ehefrauen und -männer nicht einfach zunehmen, sondern meist dicker werden, um sich für das andere Geschlecht unattraktiv zu machen.

Liebestests wie: „Welcher Liebestyp sind Sie?" beantworte ich zu gerne. In den Auflösungen lese ich immer wieder, dass mir angeblich ein Mann allein nicht genug sein kann. Der Grund ist, dass ich als vielschichtiges weibliches Wesen durch das Leben gehe und mir vieles schnell langweilig wird. Männer, die mir gefallen, wissen das meist recht schnell. Freunde nennen mich „flirtanfällig" und freuen sich über meinen trockenen Humor. Mein Mann nimmt mir in der Regel den Wind aus den Segeln, denn er ist nicht eifersüchtig.

So ist es also meine unbewusste Angst, dass ich meinen Mann betrügen könnte, die mich ständig zu Schokolade greifen lässt und nicht die Hormone der Verhütungspille haben Schuld daran. Dass ich mich damit auch für meinen Lebensgefährten unattraktiv mache, nehme ich dabei in Kauf. Darüber sollte ich einmal länger nachdenken.

Dem Alter eine Chance geben

Das Älterwerden hat auch seine Vorteile. Viele Erfahrungen sind dann bereits gemacht und ich muss sie nicht wiederholen. Die Menopause befreit Frauen von der oftmals noch vorhandenen Angst einer ungewollten Schwangerschaft. Und der Mann bemerkt, dass seine Erektion nicht einfach so da ist, sondern auch seine Zeit braucht. Der Mann kann sich in der Andropause mehr Zeit für die Frau nehmen. Ein nicht mehr ganz funktionierender Körper lässt uns mehr aufeinander achten. Streicheln und der Austausch anderer Zärtlichkeiten rücken in den Vordergrund. Verständnis auf beiden Seiten führt zu mehr Nähe. Eine ganz neue Chance, die gemeinsame Sexualität zu entdecken.

Dies und Das

Es gibt so viel anregende Literatur, Videos oder Internetseiten über das Thema Lustgewinn, dass ich allen Paaren, die gemeinsam etwas dafür tun wollen, nur empfehlen kann, sich diese Anregungen gegenseitig vorzulesen, anzusehen, das eine oder andere einmal auszuprobieren oder auch nicht. Schließlich kann sich das Paar ja sicher sein, dass seine Ehe auf einem verlässlichen Fundament steht. Hier einige Tipps:

-   Ins Gespräch zu kommen ist die beste Voraussetzung, mit sich selbst und dem Partner ins Reine zu kommen. Die „Sex-Kiste der Liebe" aus dem h&t Verlag stellt viele Fragen, die beide gemeinsam beantworten können.
-   Der Besuch einer Tantra-Schule bietet die Möglichkeit, sich neu kennenzulernen.
-   Wie wäre es mit dem Besuch eines Swinger Clubs?
-   Der gemeinsame Besuch in einem Erotikfachgeschäft oder einer Erotikmesse bieten Gesprächsstoff.
-   Einen Sexspielzeug-Abend organisieren.
-   Was ist Slow Sex? Was ist wilder Sex?
-   Gutscheine verschenken, die der andere einlösen muss.
-   Eine Woche jeden Tag Sex miteinander haben.
-   Bewusst Küssen und Schmusen, aber auf keinen Fall Sex haben.
-   Ihrer Fantasie sind keine Grenzen gesetzt, um gemeinsam den ehelichen Sex-Rahmen zu erweitern!

Das Wünschen

Ja, es gibt sie, die Menschen, die es tatsächlich schaffen, sich Sachen zu wünschen und diese dann sogar bekommen. Mit allerlei Hilfsmitteln wie Kerzen, Liebesölen und dem Mond können wir den Partner nicht nur herbeizaubern sondern ihn auch noch ver-zaubern. Als ich ein Liebesrezept las, in dem ich eines meiner Haare in einer Flüssigkeit mit Liebesschwüren und nach drei Tagen Vollmondschein meinem Liebsten zu trinken geben sollte, hörte der Spaß für mich allerdings auf.

Die verschiedenen Phasen der Ehe ohne Sex

Bei den Ehen, in denen sich ein Partner plötzlich zurückzieht, sieht es anders aus. Hier helfen die beschriebenen Anregungen nur wenig Sobald der eine Partner „mauert" und der andere etwas vermisst, beginnt ein großer Leidensweg und zwar augenscheinlich für den, der etwas vermisst. Er wird so oder so ähnlich drei Phasen durchlaufen.

Erste Phase – das Ungleichgewicht

Ich versuche, mich meinem Gegenüber zu nähern, doch er lehnt ab. Ich bin enttäuscht. Vielleicht sogar wütend. Das macht mich traurig. Doch ich denke: "Na gut, heute eben nicht." Auch die nächsten Versuche scheitern. Je länger dieser Zustand anhält, desto mehr leidet mein Selbstbewusstsein. Meist entzieht sich der Partner ohne wirkliche Begründung. Wir können keinen Grund finden. Unser Gegenüber lehnt vielleicht auch schon kleine Zärtlichkeiten ab aus Angst, ich könnte wieder mehr fordern.

Geben und Nehmen (siehe Paradox der Leidenschaft) ist so eine Sache. Es sollte im Gleichgewicht sein. Doch es gibt keine Waage, die dies messen kann. Das Ungleichgewicht bestimmt unser Gefühl. Unser Gefühl ist aber immer subjektiv. Viele Frauen glauben, intensiver zu fühlen, mehr Gefühl zu investieren als der Partner und sind enttäuscht, wenn der Mann dies nicht so wertschätzen kann, oder es als „Klammern" auslegt.

Karsten Edelburg nennt es „Quantität Geld gegen Qualität Leben". Er meint damit, dass die Männer in einer Beziehung sich meist über das Geld identifizieren und eine Frau sich meist über die Beziehungen, die sie pflegt. Dafür gibt Sie das vom Mann verdiente Geld aus. Eine Beziehung pflegen heißt auch: gerne Sex haben, um damit dem Mann Antrieb zu sein. Damit er wieder gern Geld verdient, damit sie gern Geld ausgeben kann. Ein Kreislauf von Geben und Nehmen, der immer noch Bestand hat. Edelburg gibt selbst zu, dass er sich hier Klischees bedient. Doch der Deal Geld gegen Lebensqualität funktioniert nicht immer, weil:

106

- Frauen oder Männer keine Lust auf Geld oder Sex haben,
- Männer keine Karriere machen wollen,
- Frauen gerne Karriere machen wollen, es aber nicht schaffen,
- Männer ihre weibliche Seite entdecken oder Frauen ihre männliche.

Geben und Nehmen kann also nur funktionieren, wenn sich die Partner einig sind und ergänzen. Kommt eine der Waagschalen aus dem Gleichgewicht, kann sich das auch im Schlafzimmer bemerkbar machen. So gibt es Paare, die sich erst einmal streiten, um sich im Bett zu versöhnen, oder andere, die in Harmonie leben, dafür aber nebeneinander einfach einschlafen.

Ungleichgewicht entsteht auch, wenn der sonst verstandesbetonte Mensch sich wünscht, gern einmal „genommen" zu werden, es jedoch nicht ausdrücken kann. Oder wenn der ichbezogene Partner auf Grund mangelnder Übung sich nicht den Vorstellungen des anderen beugen kann. Einer fühlt sich dann benachteiligt.

Genauso ein Durcheinander kann die Geburt eines Kindes in eine Ehe bringen. Natürlich ist ein Kind die Freude aller Eltern. Fast haben wir ein schlechtes Gewissen, wenn wir plötzlich feststellen: Da hat sich etwas verändert. Die innerhalb einer Familie zugeteilten Rollen müssen neu sortiert werden oder ändern sich. Eine Frau, die bis dahin eifrig Karriere gemacht hat, kann mit den durch die Geburt ausgeschütteten Hormonen plötzlich ihre weiche und weibliche Seite entdecken. Der Mann, der bisher diese Rolle inne hatte, fühlt sich vollkommen aus der Bahn geworfen. Oder er sieht plötzlich in seiner Ehefrau nur noch die Mutter seiner Kinder. Mutterschaft und Sex sind für ihn nicht mehr vereinbar. Frauen, die eine sehr schwere Geburt durchlitten haben, können diesen Schock oft nicht so schnell verarbeiten. Sie brauchen Zeit für sich.

Die Liste der Gründe, die eine Ehe aus dem Ruder bringen, lässt sich beliebig fortsetzen. Oftmals macht sich das auch im Bett bemerkbar.

- Plötzliche Krankheit eines Partners
- ein Unfall
- der Tod eines nahen Verwandten
- Verlust der Arbeitsstelle
- der Partner hat sich neu verliebt
- Geldprobleme,
- der aufreibende Beruf
- Hausarbeit ist ungerecht aufgeteilt
- Schwierige Schwiegereltern oder lästige Freunde des Partners
- die eigenen pflegebedürftigen Eltern
- der oder die Ex
- usw.

Lösungen für diese Probleme gibt es meist nicht. Als Strafe dann dem Partner Sex zu entziehen ist ein schlechter Schachzug. Karsten Edelburg rät in seinem Buch: „How to play the game": „Wer einen erfolgreichen und glücklichen Mann an seiner Seite haben möchte, der sollte ihm Sex geben." Das ist ein Spiel. Weg von den eigenen Bedürfnissen hin zur Frage: Was braucht mein Mann? Diese Erkenntnis wandele ich nur zu gerne in die weibliche Sicht um. Männer, wer von euch eine wirklich erfolgreiche Frau haben will, der gebe ihr seine Leidenschaft. Denn eine Frau, die sich begehrt fühlt, ist wie die Sonne, die gerade aufgeht: strahlend und warm. Sich gegenseitig Lust zu verschaffen ist ein Garant für Erfolg im Leben. Das ist eine schöne Vorstellung. Paare sollten sich also nicht nur zum Sex verabreden, sondern ihn einfach machen. „Lust kommt beim Tun". Das rät Thiel ebenso und davon bin auch ich überzeugt.

Für Paare, die sich einig sind, dass sich etwas ändern soll, ist es z.B. ein netter Versuch, sich mal vorzunehmen, eine Woche lang jeden Tag mit einander zu schlafen.

Die erste Phase steht ganz in dem bewusst werden der Situation. Plötzlich wird klar: Hier läuft etwas anders als ich dachte.

Doch was tue ich, wenn sich der Partner mir entzieht? Der Mensch, von dem ich dachte, ihn über alles zu lieben, lässt meine Nähe nicht mehr zu. Er weist mich sogar ab. Als würde eine Wand zwischen uns stehen. Sie ist sehr groß, sehr massiv und eiskalt. Bei meinem Partner komme ich also nicht weiter. Die nächste Phase beginnt.

Ich versuche, mein Verhalten so anzupassen, dass es meinem Partner gefällt. Ich stelle ihn zur Rede. Vielleicht fallen dann auch unschöne Worte. Es geht darum, Recht haben und Schuld zu verteilen. Schließlich bin ich bereit, für meinen Partner Dinge zu tun, die er gerne hätte. Doch es bleibt nur Schulterzucken oder ein komischer Spruch. In der zweiten Phase unternehme ich alles, um unser Problem, oder das des Partners, zu lösen.

Wir versuchen, die Ursachen zu ergründen und hoffen auf Besserung.

- Wir fühlen uns in unseren Rechten beschnitten. Wir können uns nicht so ausleben, wie wir das möchten.

- Wir suchen Lösungen, die sich dann jedoch als unbrauchbar erweisen.

- Innerhalb der Ehe wird über das Thema Sex nicht gesprochen. Der Partner schweigt. Weiß oft selbst nicht, was passiert ist oder warum er keine Lust verspürt. Mit der Liebe zum Partner hat das nichts zu tun.

- Sex bedeutet "Begehrt zu werden". Bleibt das aus, fühlen wir uns schlecht. Geben die Schuld sogar uns selbst. Unser Selbstbewusstsein leidet.

- Wir fühlen uns in unseren Rechten beschnitten. Wir können uns nicht so ausleben, wie wir es möchten.

- Wir fühlen uns unverstanden.

-Wir suchen verschieden Lösungen, die jedoch nicht fruchten.

Das alles erzeugt Leiden. Unser Partner scheint jedoch zufrieden. Es folgen Wut, Enttäuschung und Selbstzweifel. Vielleicht sogar Eifersucht. Ist es nämlich so, dass ein Partner nur deshalb den Sex verweigert, weil er dafür jemand anderes hat, stellt man sich die Frage: Was hat sie/er, was ich nicht habe?

Manche Paare suchen in dieser Phase einen Therapeuten oder eine Beratungsstelle auf. (www.profamilia.de, www.theratalk.de).

Für manche endet diese Phase nie. Es wird zum täglichen Kampf, der auf Außenstehende befremdlich wirkt. Gegenseitige Schuldzuweisungen auf anderem Gebiet sind die Folge. Kleinere Streitigkeiten, die für andere Paare oftmals anregend sind, enden hier mit ständiger Nörgelei und keinesfalls eng umschlungen im Bett.

Um das gefühlte entstandene Ungleichgewicht ins Lot zu bringen, gibt es verschiedene Möglichkeiten, die, je nach Charakter und Veranlagung, unterschiedlich genutzt werden können.

- Wir ziehen die Konsequenzen.
- Wir resignieren.
- Wir akzeptieren.

Die Konsequenz

Gut, mein Partner will nicht so wie ich. Doch ich bin nicht bereit, darauf zu verzichten. Dann suche ich nach Befriedigung. Das geschieht heimlich oder mit Genehmigung. Alles ist möglich. Es kann Selbstbefriedigung sein, kann aber auch bedeuten, den Partner zu betrügen oder gar, sich scheiden zu lassen. Die Konsequenzen sind nie einfach zu tragen und betreffen, ebenso wie der einseitige Sexentzug, beide.

Einmal habe ich es gewagt, mit einem Callboy zu frühstücken. Wir haben uns sehr anregend unterhalten und das in einem voll besetzten Café in einer kleinen Stadt. Er war ein richtig schöner Mann, doch ich wollte erst einmal schnuppern, bevor ich mich auf etwas Verruchtes einlasse. Begleitagenturen gibt es viele und die Auswahl der Herren ist vor allem in Großstädten berauschend. Für eine unbekannte Schriftstellerin aber leider ein teures Vergnügen. Und obwohl der Mann ein netter war, ist es nie zum Vollzug gekommen. Seine Frau hatte nämlich einen unserer Mailkontakte entdeckt und so war das des Callboys letztes Frühstück mit einer möglichen Klientin.

Gute Alternativen bieten Fremdgeh-Internet-Plattformen, bei denen sich Frauen meist kostenlos anmelden können. Dort sind die Verhältnisse klar, denn die Vorlieben werden schon im Vorhinein abgeklärt. Wohl dem, der ein ruhiges Zimmer zur Verfügung hat, um sich dort zu treffen. Das Chatten mit Männern, die an mir Interesse bekundeten, war Honig für mein Selbstbewusstsein. Doch das ist sehr oberflächlich.

„Klar reden Männer weniger als die Frauen mit dir über dieses Thema. Die Männer gehen in den Puff!", so sagte ein Interviewpartner zu mir. Wahrscheinlich hat er Recht.

"Der Jahresumsatz der Prostituierten in Deutschland wird in der Literatur auf Werte zwischen 14 und 15 Milliarden Euro geschätzt. Das Statistische Bundesamt geht derzeit von rund 14,6 Milliarden Euro aus." (Publiziert am 3. November 2013 von Lars-Marten Nagel). Das ist Umsatz, kein Gewinn, davon müssen noch die Ausgaben wie Miete usw. abgezogen werden.

Zum Vergleich: Im Jahr 2013 setzte die deutsche Süßwarenindustrie im In- und Ausland rund 14,8 Milliarden Euro um. (statista.com)

Die Resignation

Lennart Cole und Roswitha Neitzel schreiben: "Das was in uns Menschen lebt, was wir uns jedoch nicht zugestehen oder verbieten, hat letzten Endes die größte Macht über uns und durchdringt uns wie ein Krake mit unzähligen Armen."

Wer sich ständig seiner Lust bewusst ist und diese nicht ausleben kann, durchlebt sehr große Qualen. Tatsächlich bestimmt der Gedanke daran andauernd oder immer mal wieder unseren Lebensalltag. Kommen wir zu keiner befriedigenden Lösung für dieses Problem, folgt die Resignation. Es spielt keine Rolle, ob wir die Lösung allein oder mit unserem Partner finden. Wir geben auf. Fügen uns in unser Schicksal, verdrängen die Gedanken die uns sonst noch in den Wahnsinn treiben. Ganz nach dem Motto: Sex war schon immer nicht so wichtig für mich, ich brauche das nicht!

Unser Selbstbewusstsein und das Selbstvertrauen sind von nun an, was das Thema betrifft, zerstört. Wir fühlen uns minderwertig, weil wir keine Resonanz erhalten oder werden dem Partner gegenüber gleichgültig. Das Gegenteil von Liebe ist nicht Hass, sondern Gleichgültigkeit. Ein Beweis, dass keine Erwartungen an den Partner mehr vorhanden sind. Die Eigenliebe bleibt auf der Strecke. Das kann so weit gehen, dass wir unseren Körper ablehnen oder sich körperliche Beschwerden wie Migräne, das Ausbleiben der Regel oder Depressionen einstellen.

Die Akzeptanz

Das ist die höchste Form von Liebe, in der man es schafft, seinen Partner so anzunehmen, wie er ist. Damit akzeptiert man auch, dass er andere Bedürfnisse und Vorstellungen hat als man selbst.

Wenn ich es schaffe, bedingungslos zu lieben, besitzt Sex keine Macht mehr über mich. Er wird fast unwichtig, weil sich die Liebe einen anderen Raum sucht.

Das hat nichts mit Hinnehmen oder gar Aufgeben zu tun. Es bedeutet auch nicht, dass ich mich mit einem Alkoholiker/in arrangieren muss, oder gar den Mann oder die Frau liebe, der oder die mich betrügt und damit tief verletzt. Bedingungslose Liebe bedeutet nicht, die eigenen Grenzen zu ignorieren und sich alles gefallen zu lassen oder sich so zu verändern, nur damit es dem Partner gefällt. Bedingungslose Liebe beinhaltet immer die Konfrontation mit den Ansichten und Meinungen des anderen. Sie findet jedoch immer einen gemeinsamen Nenner, die eigene Veränderung und Kompromissbereitschaft sind dabei immer Bestandteil dieser Liebe. Der Grat, zwischen der Veränderungsbereitschaft des Einzelnen und den hohen Erwartungen an den Partner ist sehr schmal. Meist haben die die höchsten Ansprüche an den Partner, die sich selbst am wenigsten verändern wollen.

Um mich zu sammeln und mir Zeit zu nehmen, einmal ein Wochenende in Ruhe zu tippen, fuhren eine Freundin und ich in dieses buddhistische Kloster im Odenwald. Meine Vorstellung beinhaltete unter anderem, vielleicht eine Nonne zu befragen. In dieser Umgebung angekommen, war es so beeindruckend, die wenigen Nonnen in tiefem Glauben zu beobachten, dass die Frage nach einem Leben ohne Sex mir so lächerlich vorkam, dass ich mich erst gar nicht traute, eine Nonne tatsächlich auf dieses Thema anzusprechen. Dabei sprach ich ja seit Wochen ausschließlich darüber. Obwohl die Nonne und ich uns sehr oft begegnet sind, hat es einen ganzen Tag gedauert, bis ich sie ansprach. Wer mich näher kennt, weiß, dass dies nicht oft vorkommt.

Erst nach dieser Erfahrung konnte ich verstehen, warum mir katholische Klöster keine Antwort gaben. Für Menschen, die sich entschieden haben, im Kloster zu leben, hat Sex keine Bedeutung. Wer, wie die Nonnen und Mönche, seine Liebe mit den Menschen teilen kann und jeden bedingungslos anerkennen kann, für den wird Sex zur Nebensache. Oder anders ausgedrückt: für den wird auch Treue bedeutungslos. Wir halten also nicht fest an einem Menschen, sondern lassen los. Nicht nur uns, sondern auch den anderen. Wer es schafft, sich von Besitzansprüchen zu lösen, wer es schafft, seine Eitelkeit zu besiegen, wer sein Problem als Chance versteht, für den verliert Treue an Bedeutung. Als Paar kann dies nur dann geschehen, wenn beide diesen Aufstieg wagen. Nur den wenigsten wird eine Erleuchtung zu teil. Die meisten Menschen müssen sich immer und immer wieder darin üben, nicht in alte Denk- und Verhaltensweisen zurückzufallen. Einen Lebensweg ohne Ziel gibt es nicht. Der Weg ist das Ziel. Wenn ich einen Wunsch frei habe, dann wünsche ich, dass wir alle diesen Weg wenigstens versuchen zu gehen, denn er bedeutet in sich zu ruhen, in Frieden mit sich selbst und den Mitmenschen zu sein. Wenn ich den Partner gefunden habe, der mich auf diesem Weg begleiten kann, ist das ein großes Geschenk.

Tatsächlich, hörte ich erst drei Jahre nachdem dieses Buch bereits auf dem Markt war, in einem Vortrag von Stefan Hagen, von der sogenannten: „Radikalen Akzeptanz".

Dieser, in der Psychologie verwendete Begriff, beschreibt die sowohl sachliche wie auch emotionale Annahme einer Situation und erschafft damit die Lösung.
Meine Erfahrungen bestätigen dies.

Drei Phasen im Überblick:

1. Phase – das Ungleichgewicht

Wir stellen fest, dass uns etwas fehlt oder wir mehr in die Beziehungswaagschale legen, als wir herausbekommen. Diese Empfindung ist allerdings subjektiv. Es gibt keine Waage, die das messen könnte.

2. Phase – das Leiden

Wir versuchen, aktiv etwas zu ändern, uns dem Partner anzupassen oder wir leiden still und heimlich vor uns hin.

3. Phase – die Ausgleichung

Wir gleichen das empfundene Ungleichgewicht aus.

Dies können wir durch äußerliche Anreize: Wir ziehen die Konsequenz.

Wir suchen die inneren Anreize, wir resignieren oder gehen wieder auf den Partner zu, wir akzeptieren.

Wie schaffe ich es also, den Partner, mit dem ich einst sicher war, den Gipfel des Glücks besteigen und erreichen zu können, zu akzeptieren und so anzunehmen, wie er ist? Bei meinem Partner, der oft selbst nicht versteht, was gerade passiert, komme ich nicht weiter. Ich habe nur eine Chance: Ich muss mich mit mir selbst auseinandersetzen. Früher dachte ich immer, dass ich an Beziehung, Freundschaft, Partnerschaft, Ehe oder wie auch immer wir es nennen wollen, „arbeiten" müsste, um sie zu erhalten. Heute weiß ich, dass dies Arbeit an mir, meinen negativen Gedanken, meiner Selbstliebe und meinen Einstellungen bedeutet, was weitaus wichtiger und schwieriger ist. So sicher wir sind, dass wir nicht der Auslöser für die Abstinenz unseres Partners sind, so dient er uns doch immer auch als Spiegel! Das ist die in meinen Augen schwierigste und bedeutungsvollste Einsicht, die ich Ihnen durch dieses Buch versuche, nahe zu bringen. Es hat mich Jahre gekostet, zu dieser Erkenntnis zu gelangen und sie wuchs durch das Erleben von sehr viel Schmerz und Selbsterkenntnis.

Fragen wie: Was mag ich? Worauf bin ich bereit, zu verzichten und was gestehe ich meinem/r Mann/ Frau zu? Uns selbst zu analysieren, bedeutet, sich mit den eigenen Schatten auseinanderzusetzen.

Sich selbst oder dem Partner eine „Lust"-Pille verordnen ist weitaus einfacher, berührt jedoch nicht die Wurzel des Problems. Es gilt also herauszufinden: Wer bin ich? Es geht um Selbsterkenntnis.

Es gibt Verstandesbetonte ebenso wie es Lustmenschen gibt.

Der Mensch, der seinen Verstand nur schwer ausschalten kann, würde
- niemals ohne Verhütung mit einem anderen schlafen,
- versucht schon vorher gut zu riechen und rasiert zu sein,
- bringt sich in Positionen, die für sein Gegenüber

angenehm sind,
- hält die Anspannung aufrecht,
- gibt ohne zu nehmen,
- möchte dem Partner Lust bereiten,
- hat seine Gedanken immer angeschaltet.

Der lustorientierte Mensch ist anders, er
- nimmt gerne an,
- denkt nicht an Verhütung,
- gibt sich laut und ungestüm seiner Lust hin,
- braucht den Kick,
- braucht kein warmes Bett für den Sex, er ist auch am Strand o.ä. bereit,
- lässt seine Gedanken und Muskeln im richtigen Moment locker,
- achtet auf sich und die eigene Lust.

Sex-Qualität und -Quantität können unser Lustempfinden vertiefen oder zum Erliegen bringen. Geht also mein Mann oder meine Frau auf meine Bedürfnisse ein und ich erlebe dadurch mehr Befriedigung, dann brauche ich diesen Energieaustausch gar nicht so oft. Fühle ich mich hingegen schnell wieder entladen, sehne ich mich viel öfter danach, mit meinem Partner zu schlafen.

Verschiedene Vorlieben und Neigungen, den Wunsch etwas Neues auszuprobieren, all das kann zwischen zwei Menschen, die sich gut verstehen, durchaus unterschiedlich sein und was noch viel wichtiger ist: Es kann sich im Laufe des Lebens verändern. Heißt, bei dem einen ändert sich was und bei dem anderen bleibt alles so, wie es ist. Leben bedeutet Bewegung und Wandel. Dies jedoch dem Mann oder der Frau, der/die gerade keine Lust hat, zu erklären, ist schwierig.

Egal, ob es um Essen oder um Sexualität geht. Es gibt viele verschiedene Typen und Vorlieben. Einer möchte nur früh am Morgen, der andere lieber in der Nacht. Einer möchte gern im warmen Bett, der andere lieber auf dem Küchentisch. Einer hat schon viele Liebesbeziehungen gehabt, der andere kann sie noch an einer Hand abzählen. Vielleicht hatten Sie bereits mit 12 Jahren ihren ersten Orgasmus, der andere jedoch erst mit 24 Jahren und wieder andere haben noch nie einen erlebt. Wir leben in Breitengraden, in denen alles erlaubt ist.

Um keine Missverständnisse aufkommen zu lassen, schreiben wir hinter diesen Satz: „so lange es keinem schadet". Finden sich also zwei Gleichgesinnte, gibt es keine Grenze für die Lust oder die Unlust.

Beantworten Sie sich solche Fragen wie:
Brauche ich unbedingt S/M Spiele?

Vielleicht reicht es mir, einmal im Monat mit meinem Partner zu schlafen?

Fühle ich mich von außen gezwungen, mehr Sex haben zu wollen?

Schreiben Sie auf,
- wie sie erzogen wurden, vor allem im Hinblick auf Sex. Ist Sex etwas Schmutziges? Schämen sie sich für ihre Lust? Oder fühlt sich ihr Partner durch ihre Offenheit abgestoßen?
- Welche Erfahrungen haben Sie mit welchem Partner machen dürfen?
- Was gefällt Ihnen oder was würde Ihnen gefallen? Können sie mit ihrem Partner darüber reden?
- Versuchen sie mal, die Unterschiede zwischen sich und ihrem Partner herauszufiltern.
- Können Sie mit ihrem Partner eine Art „Sex-Vertrag" aufsetzen? So ähnlich wie in dem berühmten Buch, indem das Wort „Stopp" von beiden respektiert wird? Können Sie sich vorstellen, ihrem Partner vorzuschlagen, sich auf andere Weise befriedigen zu lassen, so lange dieser nicht bereit ist, sich körperlich zu öffnen?
- Wie lasse ich meinen Partner spüren, dass ich ihn trotz unterschiedlichem Begehren liebe?

Legen sie die beschriebenen Blätter gut versteckt in die Schublade und schlafen erst einmal drei Nächte darüber. Erzählen Sie mir, was danach passiert ist. Ob es geholfen hat oder ob es eine doofe Idee von mir ist.

Der zweite Schritt wäre dann, einen Brief an den Partner zu verfassen. In dem Sie mit Achtsamkeit erzählen, was sie sich wünschen, warum sie gerade so sehr leiden. Dabei achten Sie darauf, nur Sätze mit ICH beginnen zu lassen. Sie machen keine Vorwürfe, stellen keine Fragen und versuchen, so sachlich wie möglich zu bleiben.

Zum Beispiel: *Ich wünsche mir wieder mehr Nähe zu dir. Ich liebe dich. Ich kann dich verstehen, doch fühle ich mich benachteiligt, weil wir schon so lange nicht mehr miteinander geschlafen haben.*

Achten sie darauf, die Gefühle ihres Partners nicht zu verletzen, denn sie ahnen ja gar nicht, ob er nicht auch leidet. Viele der Leidenden denken: „Ich investiere viel mehr Gefühl in die Beziehung als mein Partner." Tatsächlich können wir nicht wissen, was in dem anderen vor sich geht, weil er nicht darüber reden kann oder will. Auch diesen Brief legen sie mindestens drei Tage in eine Schublade und warten ab. Lesen sie ihn noch einmal, bevor sie ihn wirklich ihrem Partner geben oder schicken oder mailen? Auch ich habe einen solchen Brief verfasst. Darin kündigte ich meinem Mann sogar an, dass ich ihn verlassen müsse, wenn es so weiter geht. (Kein sehr netter Zug von mir.) Der Brief hat bestimmt über drei Jahre in einer Schublade gelegen. Ich hatte ihn vergessen und beim Aufräumen wiedergefunden. Lachend habe ich ihn dann zerrissen. Mein Mann hat ihn nie gelesen. Aber mir hat er geholfen. Mir hilft das Schreiben. Vielleicht fällt es Ihnen leichter, ein Lied zu singen oder ein Video zu drehen. Vielleicht sprechen Sie ein Memo auf ihr Handy oder Sie basteln etwas, das Ihre Gefühle zum Ausdruck bringt. Sie haben bestimmt noch kreativere Ideen.

Joachim Fuchsberger gab vor Jahren in einem Interview das Rezept für seine langjährige Ehe bekannt. Er nannte sie die „vier V": Verzichten, Verstehen, Vertrauen und Verzeihen. Sich selbst und dem Partner verzeihen, dass Dinge so sind, wie sie sind, geschieht nicht einfach mal so, sondern es ist ein langer Weg.

Voraussetzung dafür ist, dass wir erst einmal uns selbst erkannt haben. Wenn wir uns selbst verstehen, können wir den anderen verstehen. Dann sind wir auch in der Lage, unserem Partner zu verzeihen. Und - was noch viel wichtiger ist: uns selbst zu verzeihen, dass es jetzt im Moment so ist, wie es ist. Wer das gelernt hat, dem fällt es leicht, zu akzeptieren. Denn Verzeihen bedeutet, mit einer Situation abzuschließen. Wir können neu denken. Wer sein Denken ändert, verändert auch seine Handlungen. Nicht wissentlich, sondern intuitiv. Das bleibt der Außenwelt nicht verborgen und hat auch Einfluss auf den Partner. Er hat die Chance, darauf zu reagieren. Ein Kreislauf wird durchbrochen. Das heilt. Diese Heilung wünsche ich allen, die es zulassen können.

Analyse des eigenen sexuellen Lebenslaufs:
Welche Erfahrungen und Beobachtungen habe ich als Kind gemacht?

Wie ging man in meiner Familie mit Sex um?

Kenne ich den Lebenslauf von Familienmitgliedern?

Stehe ich mit meinen Ahnen in einer Reihe? Erleide ich ein ähnliches Schicksal?

Hat sich in meiner Pubertät etwas verändert? War ich aufmüpfig und habe gegen Regeln verstoßen?

Wann hatte ich erste sexuelle Erfahrungen?

War ich früh oder spät in meiner sexuellen Entwicklung?

Wie viele weibliche oder männliche Anteile habe ich in mir?

Bin ich spontan oder eher zurückhaltend?

Bin ich offensiv oder defensiv?

Was habe ich mit verschiedenen oder mit meinem Partner ausprobiert?

Welche Gefühle hatte ich bei den verschiedenen

Partnern? Warum ging die Beziehung auseinander?

Wie werde ich von meinem Partner empfunden? Und gefällt mir das?

Was mag ich beim Sex?

Was mag ich an meiner Ehe?

Was gefällt mir an meinem Partner? (jetzt oder früher) Was wünsche ich mir von ihr/ihm?

Was mag ich besonders an mir selbst?

Was möchte ich unbedingt einmal ausprobieren (nicht nur sexuell)?

Wieviel Nähe und wieviel Distanz brauche ich zum Partner?

Bin ich in der Lage, mich selbst zu lieben, so wie ich jetzt bin?

Kann ich mich selbst erregen?

Wie sieht mein „SEX-Rahmen" denn eigentlich aus?

Erst, wenn alle diese Fragen beantwortet sind, dann versuchen Sie sich in der Königsklasse: Was glauben Sie, wie würde Ihr Partner diese Fragen beantworten?

Bedingungslos lieben, was ist das?

Einmal im System von „Geben und Nehmen" gefangen, das bereits in unserer Kindheit geprägt wird, ist es schwer, diesem wieder zu entkommen. Wir füllen oftmals unsere eigene Bedürftigkeit mit unserem Partner. Das bedeutet, dass wir Dinge von ihm erwarten. Wohl wissend, dass auch unser Partner eine gewisse Erwartungshaltung hat. Das kann nur zu Enttäuschungen führen. Kein anderer Mensch kann uns ständig begehren und unentwegt wertschätzen.

Wir selbst sind dafür verantwortlich, dass es uns gut geht. Wenn wir uns selbst lieben lernen, können wir ohne Erwartungen in eine Partnerschaft gehen. Gleiches gilt für meinen Partner. Ich lasse ihn los, also lässt er mich los. Ich lasse mich los, also lässt er sich auch selbst los.

Diese Liebe ist nicht einfach zum Überstülpen, sondern es ist unsere immer wiederkehrende Lebensaufgabe, diese Liebe zu erlernen. Unser Verstand wird uns immer wieder glauben machen wollen, dass der Mann oder die Frau nur uns gehört.

Unser Ego, Eifersucht, Neid, Hass, mangelnde Selbstliebe und letztlich auch die von der Gesellschaft geprägte Moral versuchen, uns stets an der bedingungslosen Liebe zu hindern. Denn sie alle stellen die Bedingung: Sei du nett zu mir, dann bin ich nett zu dir. Und schon ist alles wieder dahin. Denn wenn keiner nett zu mir ist, habe ich auch keinen Grund, nett zu sein. Eine Spirale, die sich nur nach unten dreht. Einmal darin gefangen, werden wir immer unglücklicher. Sobald wir es schaffen, auszubrechen und damit beginnen, uns über uns selbst im Klaren zu sein, sobald wir uns alle Unzulänglichkeiten verzeihen und nett zu uns selbst sind, können wir dieses System verändern. Dann erst sind wir in der Lage, auch die vermeintlich „schlechten" Menschen zu lieben, weil sie ein wichtiger Teil der Polarität sind, in der wir leben. Tag und Nacht, Sommer und Winter, Mann oder Frau, überall stoßen wir auf diese Polarität. Sie ist Teil unseres Lebens.

Gut und Böse, geil und frigide, schön und hässlich, immer wieder werden wir damit konfrontiert. Unsere bedingungslose

Liebe kann die beiden Pole oder Extreme ins Gleichgewicht und uns in den Fluss des Lebens bringen. Jeder Mensch geht seinen eigenen Weg und einen Weg gehen wir gemeinsam mit unseren Mitmenschen.

Einerseits wünschen wir uns alle den tollen und schönen Sex und andererseits ist das Wort „Sexismus" eine Erfindung unserer Zeit. Wir leben in dem Teil der Erde, in dem uns alles möglich scheint und doch brauchen wir "Gender"-Professorinnen, um uns darauf aufmerksam zu machen, was noch alles möglich ist. Wir parken auf ausgewiesenen Frauenparkplätzen und kommen in Erklärungsnot, wenn unsere Söhne fragen: "Und wo parken die Männer?" Wir können uns unser Geschlecht aussuchen und irren doch meist orientierungslos durch die Welt. Anstatt die uns allen innewohnenden männlichen und weiblichen Anteile anzuerkennen und wertzuschätzen, wollen wir sie ständig ausgleichen und gleichberechtigt leben. Das kann nicht funktionieren. Beide Teile sind gleichmäßig in uns verteilt. Um in unserer Entwicklung weiterzukommen, müssen wir uns kurzfristig für eine Seite entscheiden. Erst der Wechsel zwischen den Anteilen bringt die Bewegung. So wie der Kolben im Motor, der sich hin und her bewegt. Unsere männlichen und weiblichen Teile müssen sich abwechselnd in uns entfalten dürfen. Erst dann kann Veränderung entstehen. Veränderung bedeutet, zu leben. Nichts bleibt starr. Deshalb sind wir hier. Oft wird Sexualität dazu missbraucht, zu gewinnen. Wir suchen unseren eigenen Gewinn und vergessen dabei, dass wir nur gemeinsam den "Goldschatz" freilegen können.

Wenn es gut läuft, ergänzen wir uns mit unserem Partner. Wenn es schlecht läuft, ist er unser Spiegel und stößt uns immer wieder auf unsere Schwächen.

Ich denke, die größte unausgesprochene Angst des Menschen ist der Tod. Wir denken nicht an ihn und verdrängen ihn sogar, weil er uns unangenehm erscheint. Anstatt ihn in unser Leben einzugliedern und ihn als große Macht anzuerkennen, leben wir so, als gäbe es kein Ende. Ähnlich sieht es auch mit dem, oftmals so genannten, „kleinen Tod" aus – dem Orgasmus. Dabei ist es meist nicht unser eigenes Glücksgefühl, vor dem wir Angst haben, sondern die Angst, das eigene „Selbst" vor dem anderen zu zeigen und die Angst davor, den Partner in einer Ausnahmesituation zu erleben. Wir nehmen diese Angst nicht bewusst war, sondern entdecken dabei die Schatten der Ekstase und unsere eigenen Schatten.

Unsere größte Lernaufgabe besteht darin, sich der eigenen Schatten bewusst zu werden. Und jeder, der meint, das wäre mit einer Tagesarbeit abgeschlossen, der irrt. Unsere jeweilige Reaktion auf ähnliche Situationen verändert sich. Auch dann, wenn dies nicht sofort für uns ersichtlich ist.

Kennzeichen der bedingungslosen Liebe:

- sie erwartet nichts, sondern genießt den Augenblick
- sie heilt und dient immer mir selbst und allen Menschen
- sie ist universell und nicht an einen bestimmten Partner gebunden
- sie schließt sowohl die Fähigkeit ein, sich selbst zu lieben wie auch unser Gegenüber
- sie ist von gebender Natur, ohne zu fordern (bedeutet: das Geben dieser Liebe macht schon glücklich, ein Ausgleich, also ein Nehmen, ist nicht mehr erforderlich)
- sie ist in der Lage, die Polarität aufzuheben
- sie versteht, wie nützlich der Austausch von männlichen und weiblichen Anteilen ist.
- sie braucht andere (negative) Erfahrungen, um verstanden zu werden
- sie lässt uns unseren eigenen Weg finden und gehen
- sie bestärkt uns im Glücklich-Sein
- sie ist frei und lässt frei
- sie ist unsere Lebensaufgabe, denn unser Ego spielt uns einen Streich und mischt sich immer wieder ein
- sie ist unabhängig von Sexualität.

Warum helfen keine allgemeingültigen Lösungen?

Jeder, der dachte, dieses Buch beinhaltet die ultimative Lösung für sein Problem, den muss ich leider enttäuschen. Ein Problem ist eine Aufgabe, die es gilt, selbst zu lösen und wenn es keine Lösung geben sollte, dann wenigstens eine Einigung.

Ein nettes Kinderlied von Robert Metcalf sagt:

„Ich bin anders als,
 du bist anders als,
 er ist anders als sie! Ja!"

So sieht es aus. Unsere Lust, unsere Vorlieben, Spätzünder oder Frühstarter, Lustbetonte oder Verstandesbetonte, unsere gesammelten Erfahrungen und Fantasien. Alles ist so individuell und einzigartig wie unser Daumenabdruck.

Die hier aufgeführten Therapeuten kenne ich alle mehr oder weniger gut. Ich weiß, wie sie arbeiten und welche Ausbildung sie genossen haben. Sie haben mir alle meine Fragen beantwortet. Dabei berichten sie über ihre Erfahrungen aus der Praxis und zu den unterschiedlichsten Sex-Problemen, die alle mit dem Buchtitel zu tun haben. Keiner erhebt Anspruch darauf, dass eine Methode die Wirksamste, wissenschaftlich fundiert oder gar einen Arzt ersetzen könnte. Hier werden keine Heilversprechen gegeben, sondern Erfahrungen weitergegeben, die als Chance zu sehen sind, die Dinge aus anderer Sicht zu betrachten. Genau so möchte ich dieses Buch auch verstanden wissen.

Wie sieht die Praxis aus? Wenden sich Frauen mit Vaginismus und Männer mit Erektionsstörungen an dich?

Männer und Frauen wenden sich mit ihren ganz spezifischen Problemen an mich, allerdings bin ich selten die erste Anlaufstelle. Meistens gehen Männer zuerst zum Urologen oder zum Hausarzt. Frauen kommen sehr oft über andere betroffene Frauen, die schon ihre Erfahrungen gemacht haben und kein Problem damit haben, es zu kommunizieren. Und viele Frauen suchen sofort gezielt im Internet nach Hilfe.

Es ist immer wichtig, dass die Probleme medizinisch abgeklärt sind, wobei sich Ärzte und Frauenärzte mit Vaginismus sehr schwer tun. Oft animiere ich die Frauen, noch einen anderen Frauenarzt / eine andere Frauenärztin aufzusuchen, weil manche Mediziner einfach nur hinschauen und sagen, dass alles in Ordnung ist. Da es aber eben auch physische Gründe geben kann, ist es wichtig, es zu medizinisch abzuklären. Wichtig ist auch das Thema, sowohl bei Männern und Frauen, ob das Problem schon immer da war oder erst irgendwann, nachdem jahrelang alles gut funktioniert hat, entstanden ist. Wenn es sich um Gewalteinwirkung handelt (Vergewaltigung) muss das Problem nicht sofort entstehen, es kann sechs Monate bis zwei Jahre oder noch länger dauern, bis die Symptome beginnen.

Männer kommen nicht nur mit Ejaculatio Praecox, Potenz- und Orgasmusstörungen, sondern auch sehr oft mit dem Problem, dass sie beim Sex zu viel Leistungsdenken verspüren und somit ihre Lust nachlässt, weil sie eine perfekte Performance liefern wollen und gedanklich nicht „bei der Sache sind".

Du kannst Frauen und Männern helfen, beim Sex zu entspannen? Wie funktioniert das?

Bei der Sexualtherapie geht es in erster Linie mehr um Konzentration auf die Lust und das sexuelle Geschehen, als um Entspannung. Häufig sind es Themen wie Vertrauen in sich oder Vertrauen in die Beziehung und den Partner, die Partnerin und im Loslassen, bzw. sich fallen lassen zu können und nicht ALLES kontrollieren zu wollen. Im Vorfeld geht es tatsächlich um das Thema Entspannung, das gehört fast zu jedem Thema, ist sozusagen obligatorisch. Es bedeutet, dass der Klient in den Sitzungen in die Entspannung geht und während der Sitzungen unbedingt die Selbsthypnose erlernt oder seine eigenen Techniken zur Unterstützung nutzt (Yoga, Atemübungen, Autogenes Training).

Erfahrungsgemäß gliedert sich die Therapie in mehrere Bereiche, hier beschreibe ich z. B. Vaginismus, der schon immer da war, körperlich aber nichts feststellbar ist: Zuerst wird regressiv gearbeitet, lebensgeschichtliche Themen und evtl. traumatische Situationen bearbeitet, die Beziehungsthemen gehören auch dazu, also Psychotherapie bzw. Hypnoanalyse oder punktregressive Verfahren.

Gleichzeitig lernt die Klientin die Selbsthypnose, beginnt zu Hause oder unter Anleitung von Trainern mit Beckenbodenübungen und soweit es möglich ist, arbeitet sie alleine oder mit ihrem Partner mit Vaginal-Dilatoren. Die nächste Stufe sind Visualisierungsübungen, Selbstbefriedigung und Luststeigerung beim Petting. Gleichzeitig wird an den Ängsten vor dem Schmerz oder vor dem „Es geht wieder nicht." gearbeitet. Stärkung des Selbstbewusstseins, Freude an Lust und Hinführung zur Bereitschaft, sich fallen lassen zu können. Die Klientin visualisiert zunächst in Hypnose Sex, um es dann mit dem Partner tatsächlich anzugehen und umzusetzen.

Es gibt viele Wege der Arbeit, das hier ist ein Weg davon. Der Erfolg der Arbeit kann noch ca. sechs Monate bis ein Jahr auf sich warten lassen. Erfahrungsgemäß ist jedoch nach ca. sechs Monaten der Durchbruch geschafft. Die Therapie dazu dauert ca. 14 Sitzungen, die möglichst nah aufeinander folgen sollten, mindestens eine Sitzung pro Woche. Die Sitzungen dauern bei mir ca. 90 Minuten.

Und hier eine Beschreibung einer kurzfristig entstandenen Potenzstörung: Der Klient bekommt plötzlich keine Erektion mehr, der Urologe meint, es ist psychisch. Der Klient hat sehr viel Stress gehabt, vorher war alles wunderbar, medizinisch ist alles in Ordnung. Hier reicht es, die Blockade aufzulösen, einige Kurzinterventionen und Suggestivhypnose. Visualisierung, wie es wieder gut funktioniert und nach kurzer Zeit ist alles wieder ok. Das sind dann ca. vier bis fünf Sitzungen, die 90 Minuten dauern.

Warum kann Hypnose helfen?

Hypnose kann hier sehr gut helfen, weil es beim Sex um Triebe und Instinkte und unbewusste Prozesse geht. Lust, Erotik und Libido hängen stark zusammen. Beim Sex sollte man eben mehr im Körper die Lust spüren, als sich Gedanken zu machen, dass es nicht funktioniert oder ob man eine gute Leistung bringt (falsche Ablenkung). Sex hat nichts mit Leistung, sondern mit Lust und Freude zu tun. Hypnose kann sexuelle Blockaden lösen, das Selbstbewusstsein steigern und die Gedanken auf Lust und Sensation im Körper lenken. Bei den meisten Themen, die nichts mit der Beziehung zu tun haben, arbeite ich nur mit dem Partner, der Probleme/Symptome hat, wenn die Sexualprobleme erst in der Beziehung entstanden sind, arbeite ich mit dem Partner, der Probleme hat und am Ende gibt es zwei bis drei Paarsitzungen. Manchmal führen Sexualprobleme zur Trennung, wenn ein Partner vom anderen bestimmte Sexualtechniken verlangt, die der andere nicht möchte. Bei Vaginismus habe ich auch schon die Erfahrung gemacht, dass ein Partnerwechsel zum normalen Sex der Klientin geführt hat.

Wie lange dauert eine Sitzung und wie viele sind nötig? Muss ich die Kosten selbst tragen?

Wie viele Sitzungen nötig sind, kann ich erst nach einem Vorgespräch sagen, in dem ich viele wichtige Punkte abfrage, die mit Lebensgeschichte, Beziehungen und Sexualverhalten zu tun haben. Erfahrungsgemäß liegt die Sitzungszahl, wenn mit Hypnose gearbeitet wird, bei ca. vier bis fünfzehn Sitzungen, die bei mir 90 Minuten dauern. Ob grundsätzlich die Krankenkasse etwas davon trägt, kann ich nicht sagen. Bei mir zahlen die Klienten alles privat. Wenn jemand über die Krankenkasse abrechnen will, muss er sich bei der Krankenkasse erkundigen oder sich vom Hausarzt Psychotherapie aufschreiben lassen.

Ramona, du bist seit vielen Jahren als Heilpraktikerin mit dem Schwerpunkt Frauenheilkunde in eigener Praxis tätig.

Kannst du Frauen, die darunter leiden, wenig Lust auf ihren Partner zu haben, helfen?

Die Behandlung von Frauen, die wenig oder gar keine sexuelle Lust auf Ihren Partner haben, ist oft sehr vielschichtig und erfordert viel Einfühlungsvermögen. Die Ursachen für eine sexuelle Unlust sind sehr unterschiedlich. Zum einen gibt es körperliche Ursachen wie z.B. eine zeitweise sexuelle Lustlosigkeit aufgrund hormoneller Umstellungen, wie sie nach einer Geburt oder in den Wechseljahren auftreten können. Diese sexuelle Unlust lässt sich relativ schnell behandeln. Wenn die hormonelle Situation wieder ausgeglichen ist, kehrt auch die Freude am und mit dem Partner zurück. In meiner Praxis arbeite ich dabei mit homöopathischen und pflanzlichen Mitteln oder auch Kräutertees. Zahlreiche homöopathische Mittel sind sehr gut geeignet, um hormonelle Verschiebungen zu behandeln. Auch einige unserer heimischen Pflanzen wirken hormonartig.

Etwas schwieriger wird es bei immer wiederkehrenden Schmerzen beim Geschlechtsverkehr. Liegen anatomische Ursachen vor, so muss sicherlich der Gynäkologe helfen. Bei Vaginismus kann eine ganzheitliche Therapie auch helfen. Neben der klassischen Homöopathie, die einige Mittel kennt, die bei schmerzhaftem Scheidenkrampf erfolgreich wirken, verordne ich auch hier gerne Kräuter, die entspannend und durchblutungsfördernd auf den Unterleib wirken.

Aber auch Körpertherapie und Körperübungen wie Beckenbodentraining oder Beckenkreisen können helfen.

Wichtig ist, dass eine Frau wieder in Kontakt mit sich selbst kommt, ihren eigenen Körper wieder wahrnehmen und spüren kann. Häufig spürt sie sich nur über den Schmerz oder den Krampf. Durch Wahrnehmungsübungen, wie z.B. tiefe Bauchatmung bis in den Unterbauch, können Beckenboden und Vagina wieder wahrgenommen werden. Erst durch die Wahrnehmung, wie es sich anfühlt und auch dadurch, dass man den Schmerz zulässt, kann auf Dauer Heilung entstehen. Auf körperlicher Ebene kann das Gewebe entspannen, auf seelischer Ebene kann die ganze Frau entspannen.

Sexuelle Unlust und/oder Vaginismus kann aber auch seelisch bedingte Ursachen haben. Liegt ein Missbrauch oder ein sonstiges traumatisches Erleben der Sexualität vor – auch wenn das Ereignis schon Jahre zurück liegt – so wird die Behandlung sicherlich wesentlich länger dauern und erfordert viel Feingefühl und Geduld von allen Beteiligten. Schön und von großem Vorteil ist es, wenn der Partner die Frau bei der Behandlung unterstützt.

Vertrauen aufzubauen, Ängste und Traumata loslassen zu können und sich wieder einem Mann zu öffnen, sind wichtige Schritte, die aber nur ganz behutsam gegangen werden können. Gespräche, eine eventuelle Traumatherapie, begleitet von einer homöopathischen Behandlung sowie Körpertherapie sowie die systemische Aufstellungsarbeit können helfen.

Familienstellen - was ist das, wie und warum funktioniert es?

Die systemische Aufstellungsarbeit (kurz Familienstellen) wurde von Bert Hellinger entwickelt. Die Person, die aufstellen möchte, wählt aus der Gruppe der anwesenden Personen Stellvertreter für sich und ihre Ursprungsfamilie und stellt sie entsprechend ihrem inneren Bild zueinander in Beziehung. Die Personen, welche die Familienmitglieder vertreten, fühlen - sobald sie aufgestellt sind - wie die wirklichen Personen. Sie erleben dabei auf tief beeindruckende Weise, wie sich die andere Person fühlt oder gefühlt haben muss. Dadurch werden Dynamiken innerhalb einer Person oder der Familie sichtbar und Hintergründe kommen ins Blickfeld. Manchmal gibt es nämlich keinen offensichtlichen Grund für die Symptomatik einer Klientin. Die Klientin selbst hat keine traumatische Erfahrung in Bezug auf ihre Sexualität erlebt und trotzdem „kann oder will sie nicht". Vielleicht „trägt" sie die traumatische Erfahrung ihrer Großmutter oder Urgroßmutter, die im Krieg vergewaltigt wurde, mit sich. Durch die Aufstellungsarbeit kann dieses sichtbar gemacht werden. Durch das Verstehen kann Heilung geschehen.

Das Familienstellen kann in Einzelsitzung oder innerhalb einer Gruppe durchgeführt werden. Da es sich bei dem Thema „Sexualität" immer noch um ein Tabuthema handelt, ist es den meisten Klienten lieber, eine Aufstellung in Einzelsitzung zu machen. Manche Klientinnen kommen zusammen mit ihrem Partner in die Einzeltherapie.

Aufstellungen in Anwesenheit des Partners verstärken das Verständnis und vertiefen die Bindung. Eine wichtige Basis, um sich (wieder) öffnen zu können. Das Familienstellen macht sichtbar, was dem Verstand verborgen bleibt. Es öffnet den Blick für das, was hinter dem Verstand liegt. Letztendlich macht das Familienstellen frei, denn durch das Erkennen und Verstehen, wie es wirklich ist, kann auch Veränderung geschehen und das bedeutet immer Freiheit.

Wie lange dauert es, bis eine Besserung eintritt?

Wie lange eine Behandlung durchgeführt werden muss, bis eine Besserung der Symptomatik eintritt, kann man pauschal nicht sagen. Jeder Mensch ist individuell und seine Geschichte ebenso. Findet man über das Familienstellen oder mit Hilfe der Körpertherapie die Ursache für die Symptomatik, so kann Heilung schnell geschehen. Aus der Erfahrung braucht es aber Zeit und diese Zeit sollten sich beide Partner geben. Eine Zeit, in der man in regelmäßigen Abständen immer mal wieder zum Gespräch oder einer Behandlung kommt. Ich begleite in dieser Zeit die Frauen auch immer mit homöopathischen Mitteln. Die Behandlung erfolgt mit homöopathischen Hochpotenzen und ist nicht geeignet für die Selbstbehandlung. Als betroffene Frau oder als betroffenes Paar sollten Sie sich auf jeden Fall nur einem gut ausgebildeten klassischen Homöopathen anvertrauen. Bei den Heilpraktiker-Verbänden finden Sie die entsprechenden Adressen für klassische Homöopathen und Körpertherapeuten bzw. ganzheitlich arbeitende Therapeuten mit Schwerpunkt systemische Aufstellung.

Fragen an Iris Jacobi-Oester - Physio-pelvica–Therapeutin

Hilft es Frauen, wenn sie lernen, ihren Beckenboden besser kennenzulernen?

Generell sollten alle Menschen ihren Körper kennen, um sorgsam mit ihm umgehen zu können! Der weibliche Unterleib ist seit je her ein „Tabu – Thema". Solange „da unten" alles funktioniert, ist alles in Ordnung, aber was, wenn nicht? Dann behält Frau das lange für sich und kauft lieber (heimlich) die im Fernsehen angepriesenen Einlagen anstatt sich mit dem Problem auseinanderzusetzen. Vielen Frauen fällt es schwer, sich ihrem Arzt/ ihrer Ärztin anzuvertrauen.

Wenn Frauen lernen, wie ihr Beckenboden funktioniert, wie er sich anfühlt und wie sie ihn trainieren können, dann fällt es ihnen leichter, mit eventuellen Schwächen/Erkrankungen umzugehen.

Vom esoterischen Aspekt her gesehen ist der Unterleib das Wurzelchakra. Von dort geht die Energie aus. Ein starker Beckenboden bedeutet, eine starke Frau zu sein, sich als Frau zu fühlen.

Kann das Auswirkungen auf ihr Sexualleben haben?

Aber natürlich! Frau kann vieles ganz anders spüren und ihren Beckenboden gezielt einsetzen!

Gilt das auch für den Mann?

Alles für die Frau Geschriebene gilt ebenso für den Mann. Auch für Männer ist der Beckenboden ein Tabuthema. Für beide bedeutet ein bewusster Umgang mit dem Beckenboden eine bessere Lebensqualität.

Wie lange dauert es, bis man eine Änderung bemerkt?

Ein positiver Effekt kann sich nach ca. fünf Monaten zeigen, vorausgesetzt, die Übungen werden regelmäßig durchgeführt!

Welche Kosten kommen auf mich zu?

136

Laut Heilmittelrichtlinien können 2x6 Einheiten Kranken-
gymnastik (SO2) verschrieben werden. Es liegt allerdings ausschließlich im Ermessen des behandelnden Arztes, was/wieviel
und ob er etwas verschreibt.

Die Rezeptkosten für ein Rezept betragen je nach Krankenkassen ca. 20€ pro Rezept.

Beckenbodenkurse, die von der „Zentralen Prüfstelle Prä-
vention" zertifiziert sind, können von den Krankenkassen bezu-
schusst werden

Susanne ist Medium und lebt in Graz, Österreich. Sie klärt für ihre Klienten Liebesdinge auf spiritueller Ebene.

Gibt es den seelenverwandten Menschen?

Ja, den gibt es. Es gibt nicht nur einen seelenverwandten Menschen in unserem Leben. Wir begegnen sehr vielen in unterschiedlichster Art und Weise. Bei solchen Begegnungen hat man das Gefühl, diesen Menschen schon sehr lange zu kennen, man fühlt sich wohl in seiner Gegenwart, es ist wie ein „nach Hause kommen". Hat man eine solche Begegnung mit dem anderen Geschlecht, kann es einem, sprichwörtlich gesehen, schon mal den Boden unter den Füßen wegziehen.

Da können die Gefühle ganz schön Achterbahn fahren. Es kann zu ganz intensiven sexuellen Begegnungen kommen. Es kann aber auch einen bitteren Nachgeschmack hinterlassen. Vor allem dann, wenn man aus einem früheren Leben karmisch verstrickt ist und etwas in seiner damaligen Beziehung noch nicht gelöst hat. Ein seelenverwandter Partner ist kein Garant für eine tolle Beziehung oder Ehe. Es heißt nicht, dass man automatisch füreinander oder für eine Ehe bestimmt ist, nur wenn man seelenverwandt ist. Es kommt immer zusammen, was zusammen gehört.

Was hat es mit dem "Zwilling" auf sich? Wenn ich meinen Zwilling tatsächlich gefunden und geheiratet habe, ist dann alles wunderbar?

Wenn man seinem Zwillingspartner begegnet, hat man das Gefühl, das Gegenüber ergänzt mich. Man versteht sich ohne Worte, man weiß, was der Andere denkt oder sagen will. Es läuft im Großen und Ganzen harmonisch und ruhig ab. Das kann sich auch im Bereich der Sexualität fortsetzen, es ist ruhig, schön und man braucht den Sex nicht unbedingt in der Beziehung.

Hier besteht jedoch die Gefahr, dass man ab und zu das Gefühl hat, es fehlt etwas. Es fehlt ein Prickeln, ein Knistern, die berauschenden Gefühle. Wenn man dann genauer hinspürt, wird man die tiefer gehenden Gefühle bemerken. Diese können uns viel mehr geben, als alles andere.

Wenn man seinen Zwilling geheiratet hat, ist das nur Beweis dafür, dass man in diesem Leben füreinander bestimmt ist. Wenn alles wunderbar wäre, dann wären wir keine Menschen und nicht hier auf Erden. Jeder entwickelt sich weiter und das sind die Herausforderungen in einer Beziehung. Lasse ich meinen Partner so, wie er ist oder will ich ihn verändern? Wenn ich mein Gegenüber so annehmen kann mit all seinen Seiten und Eigenheiten, dann ist alles wunderbar. Das heißt gleichzeitig, dass ich mich selbst mit allen meinen Eigenschaften voll und ganz annehme. Ich lasse alle so sein, wie sie sind, ohne sie oder mich zu be- oder verurteilen.

Wie kannst du in Liebesdingen helfen?
Das ist ganz individuell für jede Person. Was zu tun ist, ist immer unterschiedlich. Ich schaue mir beide Personen und ihre Partnerschaft an und sehe nach, ob es Blockaden gibt. Gehe sodann den Blockaden auf den Grund, versuche, die Ursache zu finden und zu beseitigen.

Sehr oft kommt es vor, dass wir in früheren Leben Gelübde abgelegt haben, die uns einiges an Verboten mitbringen. Oder es gibt verletzte Weiblichkeit bzw. Männlichkeit, die der Heilung bedürfen. Es können auch Muster und Glaubenssätze dahinter stehen, die wir durch unsere Erziehung, unsere Außenwelt oder eben aus früheren Leben haben. Die darf ich dann lösen oder harmonisieren, damit die Personen frei für eine Beziehung sind. Dazu bedarf es manches Mal auch einer energetischen Trennung.

Es gibt leider auch Situationen, wo ich sagen muss, dass der Partner oder die Partnerin nicht der bzw. die Richtige ist und man besser nicht zusammen bleibt.

Dazu kann ich nur sagen, dass keiner Angst haben sollte, es gibt für jeden den Richtigen bzw. die Richtige. Sollte man wieder mal „nur" einen Lebenswegbegleiter gefunden haben, seid dankbar, durch diese Begleiter dürfen wir viel über uns selbst erfahren und lernen.

Welche Kosten entstehen für Ihre Klienten?
Ich berechne die Zeit, die ich für ein Reading aufwende. Preise können gern bei mir erfragt werden.

Du hast Erfahrung darin, Narben zu entstören. Ich weiß von Frauen, die große Probleme mit einer Dammschnitt-Narbe haben. Was kannst du tun?

Aus jahrtausendealten Überlieferungen ist bekannt, dass jede Verletzung des Gewebes einen Eingriff in den natürlichen Prozess eines Körpers darstellt. Jede Narbe, egal ob klein oder groß, egal ob kaum sichtbar oder deutlich sichtbar, kann durch ihre Anwesenheit ein ganzes Körpersystem krank machen und beeinflussen. Manchmal spürt man es, manchmal wirken solche Prozesse im Verborgenen. Sollte eine Narbe Schmerzen verursachen, jucken, ein Taubheitsgefühl oder anderes hervorrufen, ist Eile geboten. Zur Entstörung der Narbe gibt es mehrere Möglichkeiten. Ich bevorzuge die energetische Entstörung mittels der in mir wohnenden Heilkraft unter Zuhilfenahme einer speziellen, in Apotheken erhältlichen Narbencreme. Der Vorteil bei dieser Methode ist, dass man auch empfindliche Stellen wie z.B. Dammschnitt-Narben, Kaiserschnitt-Narben und Narben, die sich innerhalb des Körpers befinden, schmerzfrei und ohne Körperkontakt dauerhaft entstören kann, um somit den freien Fluss der Körperenergien wieder herzustellen und um evtl. Beeinflussung durch die Narbe aufzuheben und zu harmonisieren.

Meist benötige ich 1-2 Behandlungen, um das ganze Körpersystem wieder in Fluss zu bringen.

Sabine hilft ihren Klienten dabei, in die Tiefen der eigenen Seele vorzudringen und hat dabei vielfältige Erfahrungen gemacht. In einem langen Gespräch erklärt sie mir: „Unsere Seele ist wie ein Kristall mit vielen Facetten. Durch die verschiedenen Reinkarnationen und durch erlebtes Leid kann es jedoch geschehen, dass sich Teile dieser Seele opfern. Einzelne Facetten springen ab, um unser Überleben zu sichern." Sabine meint damit schlechte Erfahrungen, die in unserem Zellgedächtnis verhaftet und gespeichert sind. Manche Erfahrungen haben wir selbst gemacht. Andere wurden von unseren Vorfahren durchlebt und an uns „vererbt". Wir bleiben unserer Familiengeschichte treu. Wurde zum Beispiel unsere Urgroßmutter in einem Krieg vergewaltigt, kann es sein, dass wir diese Anteile noch spüren.

Sexualität erleben wir weder im siebten Himmel noch auf der Erde, sondern auf einer anderen Ebene. Dort werden wir durchlässig. Wir erleben die positiven und hellen Energien, entdecken aber auch die Schatten und damit die negativen und dunklen Seiten. Entweder sind es unsere eigenen Schatten oder die des Partners, die uns erschrecken.

Unser Kopf möchte gern Sex haben, doch unser Körper sagt NEIN. Vielleicht sagt unser Körper: „Wenn das der Preis für den Sex ist, dann verzichte ich darauf. Ich möchte nur die positiven Dinge sehen!" Wir müssen erkennen, wo unsere Verletzungen sind, um sie zu heilen. Oftmals können wir nicht mit dem empfundenen Gefühl in Kommunikation treten. Etwas steht zwischen uns und unserem Partner, doch wir können es nicht benennen. Es macht uns Angst, denn wir leben es nicht bewusst sondern unbewusst. Totgeschwiegenes trennt uns. Ein Schleier des

Vergessens hat sich über uns gelegt.

Wir wissen nicht mehr, wie mit dem Sex zu beginnen ist.

Sabine macht in ihrer Arbeit diese Schatten sichtbar. Unüberwindbare und unbewältigte Dinge nehmen dadurch Form an und kommen ins Bewusstsein. Es geht darum, frei von Scham und Schuld zu werden. Eine Liebe hält z.B. starke negative Gefühle oder Ekel aus.

Manchmal haben wir auch schlichtweg Angst vor erfüllter Sexualität. Sich lieben lassen heißt, ich bin beliebt! Statt "Ich muss den Partner glücklich machen", sollten wir begreifen, dass wir **mit** dem Partner glücklich sein dürfen. Das ist ein Unterschied. Homöopathische Mittel, die auf den einzelnen Klienten abgestimmt werden, helfen bei der Seelenarbeit.

Sexualität will unsere Seele erreichen, um unsere schöpferische Kraft frei zu setzen. Doch das können wir nur erfahren, wenn sie heil ist.

Zuerst kommen die Schmetterlinge im Bauch, dann wachsen wir in der Beziehung. Wir reden viel miteinander. Danach kommen die Machtkämpfe und die Feuerproben. Das ist eine Zeit der Wüste und der Wortlosigkeit. Wenn wir es schaffen, diese gemeinsam durchzustehen und hindurch zu gehen, kann eine Beziehung neu beginnen.

Beatrice ist staatlich geprüfte **Heilpraktikerin für Psycho-therapie** und **Partnerschafts-/Sexualberaterin,** Kummerkas-tentante für Liebe/ Sex im Internet und Autorin von zahlreichen Ratgebern wie „Sex für Faule und Gestresste" oder „Sexbe-wusstsein". Gelegentlich wird sie auch von Presse und TV als "Expertin" gebucht. Sie war so nett, mich an ihrem langjährigen Erfahrungsschatz Teil haben zu lassen:

Mein Partner hat plötzlich keine Lust mehr, mit mir zu schlafen. Kann hier eine Therapie helfen?
Das tritt selten „plötzlich" ein, sondern es hat sich entwi-ckelt. Allerdings ist diese Entwicklung meist auf so unbewusster Ebene, dass man nicht so recht weiß, woher es kommt. Die tie-feren Ursachen liegen sowohl in den individuellen Gegebenhei-ten der einzelnen Personen (die sehr oft bis in die frühe Kind-heit zurückreichen) als auch in dem, was sich zwischen dem Paar abspielt und abgespielt hat.

Sexuelle Lust und Begehren, das sind sehr sehr komplexe Themen; wenn es da hakt, sind es in der Regel eine ganze Reihe an Faktoren, die mitspielen, und manche davon sind so ver-steckt, dass die Betroffenen selber sie nicht erkennen (selbst wenn sie psychologisch versiert sind - die sogenannte „Be-triebsblindheit").

Daher ist eine Therapie oder intensive Beratung sehr hilf-reich, um diesen Dingen auf die Spur zu kommen. Denn nur, wenn man die tieferen Ursachen erkennt, kann man Lö-sungswege finden, die längerfristig helfen und nicht nur an der Oberfläche kratzen.

Sollten dazu immer beide mit der Therapeutin sprechen?
Es hilft bereits sehr, wenn nur einer das tut. Manchmal ist es sogar besser, denn in den meisten Fällen ist es nur einer vom Paar, der so unter dem „Problem" leidet, dass er nicht mehr weiter weiß und externe Hilfe sucht. Oft ist es dann so, dass der

Partner total dagegen ist, das private Intimleben vor einem/r Fremden auszubreiten. Wenn man sich dann komplett davon abhalten lässt, Hilfe zu suchen, kommt man natürlich nicht weiter - und eventuell scheitert die Beziehung an dem Sexproblem.

Oft ist es jedoch angezeigt, die beiden zu Einzelsitzungen zu bitten, denn die meisten rücken vor dem Partner nicht ALLES raus. Der Therapeut wird dann oft zum diplomatischen Sprachrohr oder zeigt auf, wie man dem anderen unangenehme bzw. diffizile Dinge sagen kann, ohne zu viel Porzellan zu zerdeppern.

Welche Kosten kommen auf das Paar zu?

Das kann man pauschal leider gar nicht sagen; es hängt u.a. von Schwere und Tiefe bzw. den Dimensionen des Problems ab, von der Kooperation der Beteiligten und natürlich auch von den Tarifen der/s Therapeutin/en. Manchmal ist es mit wenigen Sitzungen getan, etwa wenn das Problem eher ein praktisches ist, z.B. dass Paare falsche Vorstellungen vom Sex haben und wie dieser für sie funktionieren sollte.

Ich wundere mich beispielsweise immer wieder, dass auch heute noch etliche Männer und Frauen davon ausgehen, dass eine Frau genauso schnell zum Sex „startklar" sein kann, wie ein Mann und dass es ausreicht, sie kurz zu küssen, an den Busen und in die Intimzone zu fassen und schon sollte sie erregt sein; oder dass sie denken, eine Frau sollte durch Vaginalverkehr zum Orgasmus kommen, und wenn ihr das nicht gelingt, „stimmt was mit ihr nicht" oder sie hat „eine Blockade". Die Frauen trauen sich nicht, ein für sie stimmiges Vorspiel einzufordern, oftmals wissen sie noch nicht mal genau, welche Formen von Vorspiel für sie stimmig wären. Öfter jedoch vermischen sich körperliche, emotionale und mentale Faktoren, und allein schon das Aufdröseln dieser Aspekte braucht seine Zeit. Wir müssen dann auch mit „Hausaufgaben" an die verschiedenen Bereiche herangehen und so versuchen, Änderungen einzuleiten. Die können z.B. so aussehen, dass beide mit einer offeneren und flexibleren Haltung an die gemeinsame Sexualität herangehen. Konkrete praktische Schritte sind sehr wichtig, denn Erkenntnisse allein bringen meistens nicht viel. Grundsätzlich sollte man schon bereit sein, ein paar hundert Euro zu investieren, denn immerhin geht es um eine der Grundlagen einer Paarbeziehung. Es geht um eine gute gemeinsame körperliche Ebene; da wir Menschen nicht nur aus Geist und Gefühlen bestehen, sondern diese untrennbar mit unserem Körper verbunden sind, drückt sich tiefe Zuneigung in der Regel auch in dem Bedürfnis aus, dem Partner körperlich sehr nahe sein zu wollen, was beim gesunden Menschen eben auch oft in sexuellen Bedürfnissen mündet.

Yella Cremer ist Autorin und Intimitätscoach, sie hat sieben Jahre die Ayella Praxis für Tantramassagen im Ruhrgebiet geleitet. Seit mehr als 20 Jahren beschäftigt sie sich mit Persönlichkeitsentwicklung und insbesondere mit Sexualität. Sie hat mehr als 100 Workshops zu dem Thema besucht und hält Vorträge und Workshops z.B. zu den Themen "sexuelle Kommunikation" und "G-Punkt".

Wie hilfst du Menschen, die mit ihrem Sexleben nicht zufrieden sind?

Meine Hauptaufgabe sehe ich darin, Menschen zu ermutigen. Was sie sich wünschen, wissen sie meist selber, es ist nur vergraben unter Ängsten, Glaubenssätzen und Bedenken. Ich glaube, eine meiner Qualitäten ist es, ganz viele verschiedene Wünsche willkommen heißen zu können und selber eine entspannte und freundliche Haltung gegenüber der Sexualität und dem Körper zu haben, was, nach meiner Erfahrung abfärbt.

Inhaltlich habe ich mich mit sehr vielen Arten von Sexualität beschäftigt - dies findet sich auch in meinen Büchern und Videos wieder. Für langjährige Beziehungen finde ich Slow Sex besonders wichtig, den bisher nur wenige Menschen kennen. Es handelt sich um eine andere Art der Sexualität, die die Bindung stärkt und auch lebendig bleibt, wenn die sexuelle Spannung der Verliebtheitsphase endet und vielen Paaren die sexuellen Impulse ausgehen.

Welche Kosten kommen auf mich zu?

Für ein Coaching nehme ich 90€/Stunde. Ich biete überwiegend Skype- und Telefoncoaching an, Termine vor Ort sind in Stockelsdorf zwischen Lübeck und Hamburg möglich. Ein Vorgespräch ist selbstverständlich und hat ungefähr eine Dauer von 15 Minuten.

Roswitha Neitzel ist "Luder-" und "Macho"-Coach aus Hamburg. Die Welt braucht diese Frau wirklich, denn sie sagt schonungslos, wie es zwischen Mann und Frau besser laufen könnte. Sie ist aus Fernsehen, Radio und Printmedien bekannt, gibt Einzel- und Paarberatungen sowie ganze Seminare. Sie bietet für Menschen, die nicht nach Hamburg kommen können, auch Webinare an.

Was lernt Mann oder Frau in ihrem Coaching?

Roswitha weiß aus ihrer langjährigen Erfahrung: Männer gehen nicht in den Puff, weil sie ihre Frauen nicht lieben. Sie gehen in den Puff, weil es in der Kiste nicht stimmt, was die meisten Männer gern anders hätten! Sie hat erlebt, wie stolz Männer der Prostituierten sogar die Bilder ihrer Frauen zeigen und sagen: „Ist das nicht eine attraktive Frau? Die kann gut kochen und ist eine tolle Mutter." Wer eine Beziehung eingeht, meint oftmals seinen Partner mit sexuellen Wünschen nicht erschrecken zu wollen, nach den "Werbewochen" ist es dann oftmals zu spät. Frauen schämen sich für ihre Fantasien, und Männer haben Angst, eins auf den Deckel zu bekommen, wollen "Du Schwein" vermeiden! Nichts tötet die Lust auf Sex mehr als Routine! Frauen sind viel eher in der Lage, einen sexuellen Spannungsbogen aufzubauen - leider wird Initiative sehr oft durch anerzogene, falsche Hemmung blockiert. Generell gilt: Wir spielen viel zu wenig miteinander. Wirklich guter Sex bedeutet - auch - miteinander zu "spielen" = der Kopf ist unser größtes Sexualorgan!

Roswitha hat mit mir im April 2015 telefoniert. Im September, kurz vor Erscheinen des Buches ist sie unerwartet verstorben. Es war ihr ein großes Anliegen, die Kommunikation zwischen Mann und Frau zu verbessern. Sie war einmalig, direkt und herzensgut. Sie wird mir unvergessen bleiben.

Mein Partner hat plötzlich keine Lust mehr, mit mir zu schlafen. Kann eine Therapie mir helfen?

Gegenfrage: Ist jemand krank, wenn er keine Lust auf Sex hat? Was hältst du davon, wenn wir deinen Lesern gleich eine sofort umsetzbare „Therapie" anbieten?

Wieso ich es so einfach mache? Aus drei Gründen:

1. Ich habe in meinem Leben bereits psychologische Beratung in Anspruch genommen. Daher weiß ich, wie die Vorgehensweise ist.

2. Ein scheinbar verloren gegangener Grundzug des menschlichen Wesens, ist bei meiner Coaching-Ausbildung wiedererweckt worden: die Neugier.

3. Ich bin in einer Beziehung und lebe in einer Ehe mit einem Mann zusammen. Vielleicht noch ein vierter: Ich bin eine Frau.

Aus diesem Erfahrungsschatz schöpfe ich, wenn ich im weiteren Verlauf Fragen in den Raum stelle und Ideen für die nächsten Schritte gebe. Bevor der Partner „therapiert" werden soll, ist es ratsam, erst einmal bei sich selber anzufangen. Die Menschen um uns herum sind einfach nur unsere Spiegel. Klingt grausam, ist aber so. Von nun an beginnt ein Prozess, oder anders gesagt eine Art Reise zur (Wieder-) Entdeckung des Ichs. Das Ergebnis ist an diesem Punkt noch nicht abzusehen. Das Ziel ist es einfach, mal wieder neugierig auf sich selbst zu werden. Erst wenn das ICH wiedergefunden ist, können wir über das WIR sprechen. Das kann aber eine Weile dauern. Monate, vielleicht Jahre. Ein Samenkorn wächst auch nicht über Nacht und trägt dann gleich die leckersten und schönsten Früchte. Der Idealfall ist, wenn der Partner auch eine solche Reise beginnt. Es bringt aber nichts, dies zu forcieren. In den meisten Fällen wird der Partner neugierig, wenn er oder sie sieht, dass sich der Partner ausprobiert und nun irgendwie anders ist. Das ist der Weg der sanften Veränderung. Die Macht der Anziehungskraft wird immer wieder unterschätzt, denn es ist ein Weg, auf dem ich mich zuerst selbst ändere.

Probieren wir es einfach mal aus:

Was wolltest du schon lange tun? Tanzkurs, Malkurs, Besuch im Swingerclub? Informiere dich über die Möglichkeiten in deiner Nähe, lege den Termin fest. Tue es kund oder lass es und mach es. Und jetzt bitte kein ABER. Du willst tanzen: dein Mann hat keine Lust? Frag einen Bekannten. Ruf bei der Tanzschule an, ob es einen männlichen Interessenten gibt, der eine Tanzpartnerin sucht. Es geht hier schließlich darum, zu tanzen und nicht miteinander zu schlafen! Der Kurs hat gerade begonnen? Vielleicht kannst du noch einsteigen. Oder ruf die nächste Tanzschule an. Melde dich für den nächsten Kurs an.

Du hast keine Zeit? Ordne deine Prioritäten unverzüglich neu. Die meisten meiner Coaching-Kunden sind überrascht über die Wirkung dieser Affirmation:

„Ich bin der wichtigste Mensch in meinem Leben". Du willst malen? Nun, die Begleitung kannst du dir ja sparen. Es tut auch gut, mal was alleine zu machen, ohne die beste Freundin. Ruhe und Stille hilft beim Nachdenken und Ideen kommen plötzlich wie aus dem Nichts. Jetzt der Swingerclub: auch hier gilt es, Informationen zu sammeln und dann einfach anzufangen, sprich hinzugehen.

Es gibt die wunderbare Regel: alles KANN, nichts MUSS. Angst vor dem Getratsche der Nachbarn? Für den Anfang, kann es ja ein Club sein, der weiter entfernt liegt. Organisation ist alles. Danach ist es gut, sich folgende Fragen zu stellen: Warum ist es mir so wichtig, was meine Nachbarn über mich denken? Kleiner Denkanstoß am Rande.

Jetzt gehen wir mal tiefer in das Thema Sexualität. Meine Neugier war mit 27 Jahren geweckt. Bis dahin hatte ich bereits sexuelle Erfahrungen, aber von einer inneren Zufriedenheit war ich weit entfernt. Ich dachte immer, ein Mann wird mir schon zeigen, wie alles geht. Doch nach zirka sieben Jahren sexueller Erlebnisse habe ich die Männer von dieser Bürde befreit und die Verantwortung für guten Sex auch in meinen Wirkungsbereich gelegt. Damals wollte ich eine Sexmesse besuchen. Diese bunten Schmuddelplakate mit einer Frau drauf, deren XXL-Busen die Buchstaben förmlich zerquetschten, haben mich einfach nur aufgeregt. Doch die Plakate sind mir damals immer wieder aufgefallen - egal in welcher Stadt ich gerade war.

Wie so eine Messe ablief, konnte ich mir schon denken, aber dennoch war es eine Blackbox für mich. Ich hatte keine Ahnung. Dieser Messebesuch war ein starkes Erlebnis, das mir bis heute in Erinnerung geblieben ist und viele Dinge in meinem Leben in Bewegung gebracht hat.

Daher meine Fragen an dich liebe(r) Leser/in: Worauf hast du Lust? Was fällt dir aktuell immer wieder ins Auge? Wovon hast du schon mal gehört? Worauf bist du wirklich neugierig, hast jedoch mit der Angst zu kämpfen, die dich bisher immer abgehalten hat, es wirklich zu tun?

Mach es! Jetzt. Mach es, ohne dir im Kopf auszumalen, was passieren könnte. Du hast keine Ahnung, was wirklich passieren wird.

Sexualität ist ein Teil von uns und dennoch ist dieser Teil uns so fremd. Beobachten, Fragen stellen und neugierig sein. Das sind die ersten Schritte. Diese Fragen sind ein guter Anfang. Wie stehe ich zu meinem Körper? Was bedeutet Selbstliebe für mich? Berühre ich mich auch mal selbst – ganz ohne Partner – und erwecke durch meine eigene Berührung lustvolle Gefühle in mir? Liebe ich meine intimen Zonen – wo waren die noch gleich? Wie sehe ich nackt vor dem Spiegel aus? Wie möchte ich am liebsten angefasst werden? Wie habe ich mich im Laufe der Jahre verändert? Welche Körperstellen liebe ich an mir? Wie steht es um mein Seelenleben – was fehlt mir, was wünsche ich mir, wovon habe ich im Überfluss, woran mangelt es mir? Haben mein Partner und ich eine seelische Verbindung, die es mir erlaubt, offen und ehrlich auszusprechen, was wirklich in mir vorgeht? Höre ich eher zu oder rede ich rein? Will ich gleich eine Antwort auf alles geben oder dürfen sich Dinge auch entwickeln? Worauf habe ich Lust, traue mich aber nicht, es auszusprechen? Wie gehen wir beide mit der Nacktheit in unsrer Beziehung um? Licht an oder Licht aus, wenn wir mal zusammenkommen? Wer unterdrückt wen in welchem Bereich der Beziehung (Finanzen, Karriere, Kinder, Sexualität usw.).

Was kann ein nächster Schritt sein? Bücher lesen, Filme oder Dokumentationen ansehen. Tagebuch führen, sich öfters mal massieren lassen und Seminare zu dem Thema besuchen. Wer sich traut, diese ersten Schritte umzusetzen, wird überrascht sein, was sich im Leben plötzlich ändern wird.

Oder sollen immer beide mit der Therapeutin sprechen?

Das ICH und das WIR sind zwei komplexe Gerüste. Fakt ist: um ein funktionierendes WIR zu finden und zu leben, werden die beiden Ichs mutige, ehrliche und auf den ersten Blick möglicherweise egoistische Entscheidungen treffen müssen.

Welche Kosten kommen auf das Paar zu?

Keine, denn das Buch halten sie bereits in ihren Händen – zumindest die eine Person, die auf der Suche nach neuen Wegen ist. Ob Sie die Wege wirklich gehen, bleibt Ihnen überlassen. Wie lange es dauert und wie viel es kosten wird, hängt damit zusammen, worin die Möglichkeit des größten Nutzens gesehen wird. In meinen Augen wichtiger, als die reinen finanziellen Kosten zu betrachten, sind folgende Dinge:

- Geduld: Egal, welche Therapie gewählt wird, nichts wird in kürzester Zeit geheilt. Alles braucht seine Zeit und hat seinen Preis.

- Sich darüber bewusst sein, dass Dinge, die einmal ausgesprochen sind, nicht mehr zurückgenommen werden können und eine Wirkung haben.

-Veränderungen gehören zum Leben dazu. Das, wovor wir die meiste Angst haben, wird uns bis ans Lebensende immer wieder in Variationen begegnen. Es sei denn, wir setzen uns bewusst damit auseinander, damit wir es überwinden. Die Wahl liegt bei uns.

Was sagt denn Ihr Mann eigentlich zu Ihrem Buch?

Diese Frage wurde mir in der Tat schon häufiger gestellt. Auch ich beurteile Menschen sehr oft nach den Worten. In Wirklichkeit sind die Taten viel wichtiger. Mein Mann findet es ganz bestimmt nicht lustig, dass ich so einfach über unser Sexleben und meine Ansichten dazu schreibe. Aber, und es ist ein dickes ABER: er lässt mich frei. Er lässt mir die Freiheit; das zu tun was mir gefällt:

Ich schreibe. Und wenn ich ins Wasser falle, dann zieht er mich raus. Ich kann mich jeder Zeit auf ihn verlassen und er hilft mir, wenn ich ihn darum bitte. Wer kann das schon von sich behaupten: Mein Mann liebt mich so, wie ich bin. Er stellt keine Bedingungen.

Es hat mich Jahre gekostet, zu verstehen, dass ich genau darauf in meiner Ehe immer Wert gelegt habe und dies in den Beziehungen zuvor suchte. Ich bin ein verstandes- betonter Mensch und musste zu meinem eigenen Erstaunen feststellen, dass ich gar nicht so sehr auf Sex aus bin, wie ich glaubte. Mein Lebenslauf hat mir gezeigt, dass ich noch nie „nur" mit einem Mann schlafen wollte. Ich habe mich immer dagegen gewehrt, für einen Mann verfügbar zu sein.

Ich wollte Anerkennung und Heimat erfahren. Das habe ich bekommen. Auch ohne oder mit wenig Sex. Wir sind da ganz entspannt.

Fazit:

Eigentlich dachte ich, es melden sich ganz viele Männer bei mir, die sich über die Unlust ihrer Frauen Gedanken machen - so war es nicht.

Und ich dachte: „Na, dann befrage ich mal eben ein paar Leute, die mit mir über Sex reden." - So war es nicht.

Viele sagten: „So ein Quatsch!" – So ist es nicht.

Andere sagten zu mir: "Du bist aber mutig, mit einem solchen Thema an die Öffentlichkeit zu gehen!" - Vom äußeren Anschein her mag das sein. Für mich ist dieses Buch der auf meinem Lebensweg nächste logische Schritt, der sich ergeben hat.

Diesen Weg gehe ich nicht allein. Ich durfte viele tolle Menschen kennenlernen und Gespräche führen.

Viele haben mich unterstützt, mir Mut gemacht durchzuhalten, mir geholfen und für mich einen Teil geschrieben.

Ich erlebte tiefgreifende berührende Interviews, bei denen das Thema Sex das Unwichtigste überhaupt war. Wenn hier eine therapiert worden ist, dann bin das ganz sicher ich. Außer den billigen Potenzmitteln, „Sexmethoden" und Therapien, die mir nun laufend über E-Mail und per Post angeboten werden, bleibt mir die Erkenntnis, dass wirklich tiefe Liebe durch nichts erschüttert werden kann.

Bevor ich es vergesse, an meinen Schatz von einem Ehemann: **„Ich liebe dich."**

Danksagung:

Ein Buch schreiben ist wie eine Blume pflanzen. Die junge Pflanze wurde gut behütet und genährt.

Besonders Danke ich **Prinzessin Victoria von Sachsen-Coburg,** die mich begleitet hat und mir den Weg frei machte. Sie war der nährende Boden für den Samen.

Danke an all diese **tollen Menschen**, die mir ihr Vertrauen schenkten und mir aus ihrem Leben und von ihren Lieben erzählt haben. Es sind tolle Freundschaften entstanden. Ihr seid der Regen und der Sonnenschein der den Samen zum Keimen brachte.

Aksana, Beatrice, Iris, Michaela, Roswitha, Susanne, Sabine, Sidonie und **Yella** ihr habt mit eurem Wissen beigetragen. **Ramona,** du hast mir Raum und Ruhe zum Schreiben verschafft und mir viele Ideen geliefert.

Liebe **Uta,** ohne dich würde online gar nichts wachsen und liebe **Jutta,** du bringst meine Sprache in Form. Euch allen sei herzlich gedankt.

Einen für mich nicht beschreibbaren Dank, gilt meinem vielseitigen Lehrer und Mentor Herrn **Stéphane Etrillard.** Er legte den Samen für dieses Buch in fast schamanischer Weise in meine Hände. Er stand mir immer optimistisch zur Seite und konnte dieses Buch schon sehen, als ich noch nicht an mich glaubte.

Möge die Blüte dieser Pflanze die Leser und Euch alle erfreuen.

Nachtrag zur 2. Auflage

Als dieses Buch 2015 veröffentlicht wurde war ich sehr traurig darüber, dass es nicht in einem großen Verlag erschienen ist. Bei drei oder vier Verlagen, lag ich ganz oben auf den Schreibtischen. Doch „Sex haben" scheint sich in deren Augen besser zu verkaufen, als keinen Sex haben. Dem ist nicht so, wie ich nun sagen kann.

Heute bin ich sehr froh, dass alle Rechte des Buches bei mir geblieben sind und damit der ganz große Trubel ausgeblieben ist. Trotzdem hat sich seit der Veröffentlichung viel ereignet. Es sind noch zwei Arbeitsbücher erschienen, viele tolle Menschen durfte ich kennenlernen und ich habe Interviews und Podcats geben dürfen

Mein Mann und ich sind nun 17 Jahre verheiratet. Tatsächlich kann ich nicht sagen, ob oder wie lang wir noch verheiratet sind. Wir verstehen uns besser denn je.

Meine Mutter ist 89 Jahre alt und behauptet: „Dieses Thema war mir nie so wichtig wie Dir!" Das ist natürlich Quatsch, den so wie sie erzählt, hatte sie viel mehr Sex und viel mehr Partner als ich.

Meine Schwiegereltern (85 und 88 Jahre) erzählen, wenn sie danach gefragt werden: „Sie schreibt Krimis!" Ganz Unrecht haben sie damit ja nicht.

Unsere Kinder werden nicht wie ich befürchtete von ihren Mitschülern gehänselt, es sind deren Lehrer die fragen: „Ist das deine Mutter?" Sie antworten: „Ja."

Meine Lieben: IHR seid wunderbar!

Das alles verdanke ich diesem „meinem" Thema und letztlich auch meinem Mann. Über die Ehe ohne Sex zu schreiben und zu sprechen ist zu meiner Mission geworden.

Das erfüllt mich und dafür bin ich sehr, sehr dankbar.

Quellenverzeichnis und Anregungen:

Ann-Marlene Henning & Tina Bremer-Olszewski, „Make love", Rogner &Bernhard 2012, ISBN 978-3-95403-002-6

Ann-Marlene Henning & Anika von Keiser, „Make more love" Rogner &Bernhard 2014, ISBN 978-3-95403-070-5

Amelie Fried & Peter Probst, „verliebt, verlobt...verrückt?", Wilhelm Heyne Verlag 2012, ISBN 978-3-453-19254-0

Bas Kast „Die Liebe und wie sich Leidenschaft erklärt" 2010 Fischer E-books ASIN: B0058G4P16

Barbara Temelie, „Ernährung nach den fünf Elementen" ISBN 3-928554-03-4

Beatrice Wagner, „Lust auf Sex", TRIAS Verlag 2005, ISBN 978-3-830432746

Christoph Thiel „Wieso Frauen immer Sex wollen und Männer immer Kopfschmerzen haben" Südwest Verlag 2014 ISBN 978-3-517-08949-2

Claudia Rainville „Metamedizin", Silberschnur 2004 ISBN 978-3-89845-196-3

Cornelia Jönsson, Silke Maschinger, Tanja Steinlechner: „Sexworker", Schwarzkopf &Schwarzkopf Verlag 2015, ISBN 978-3862653911

David Schnarch, „Die Psychologie sexueller Leidenschaft" Piper Verlag 2015 ISBN 978-3-492-25137-2

Deborah Sundahl „Weibliche Ejakulation & der G-Punkt", Hans-Nietsch-Verlag 2006, ISBN 3-934647-95-2

Detlef Klöckner, „Phasen der Leidenschaft Emotionale Entwicklungen in Paarbeziehungen", ISBN 978-3-608-94432-7

Diana Richardson, „SlowSex: Zeit finden für die Liebe" Integral 2011, ISBN 978-3778792-302

Dr. Nsekuye Bizimana,"Kunyaza", Hans Nietsch-Verlag 2009, ISBN 978-3-939570-58-5

GEOkompakt, Gruner u. Jahr GmbH 2015, ISBN 978-3-652-00447-3

Jörg Zittlau, „Wer braucht denn noch Sex? Warum wir es immer seltener tun - und warum das nicht schlimm ist, Gütersloher Verlagshaus 2014 ISBN 978-3-579-07062-9

Karsten Edelburg, „How to Play the game" Schardt Verlag 2012 ISBN 978-3-89841-628-5

Kristina Pfister. Claude Jaermann "SexKiste der Liebe", Hirschi und Troxler 2008, ISBN 978-3952342-701

Lise Bourbeau, „Das Liebes-Coaching" Windpferd Verlag 2008, ISBN 978-3-89385-566-7

Marie-Luise Schwarz-Schilling, „Die Ehe – Seitensprung der Geschichte", Axel dielmann verlag 2004 ISBN 3 933974 488

Mina Urban, „Verschmähte Träume", WittgensteinVerlag 2014, ISBN 978-3-944354-13-2,

Mina Urban & Karsten Edelburg, „Wie gut, dass du eine Frau bist" Hallenberger Media 2014 ISBN

Michael Mary, „Fünf Lügen die Liebe betreffend" Kindel Edition, Henny Nordholt Verlag, **ASIN:** B0099VYQ9M

Psychologie Heute, Juni 2014 Heft 6, „Bleiben eine gute Alternative" **von Ursula Nuber und Guy Bodenmann**

Richard David Precht, „Liebe ein unordentliches Gefühl" Goldmann Verlag 2010, ISBN 978-3-442-15554-5

Roswitha Neitzel &Lennart Cole, „Lümmel Luder Lust" KolateralVerlag 2014, ISBN 978-3-942408-59-2

Robert Betz, „Wahre Liebe lässt frei" Integral Verlag 2014, ISBN 978-3-453-70252-3

Sandra Hoffmann und Mickey Wiese „Von Blümchen& Explodierenden Bienenmännern – Gottes Idee von Sexualität" Aussaat Verlag 2007, ISBN 978-3-7615-5578-1

Dr. Sandra Konrad „Liebe machen- Wie Beziehungen wirklich gelingen" Piper 2015, ISBN 978-3-492-20567-62

Susanne Wendel, „Gesundgevögelt", Attoverlag Hans Gerlach e. K. 2012, ISBN 978-3-942590-04-4

Werner Bartens, „Was Paare zusammenhält" Knaur Taschenbuch 2013, ISBN 978-3-426-78602-4

Yella Cremer, "Die 50 besten Sexschulen", Books on Demand; Auflage: 3 (13. Februar 2015) ISBN-13: 978-3732282791

Yvon Dallaire, „Das kleine Übungsheft – Das Geheimnis glücklicher Paare" Trinity Verlag 2014 ISBN 978-3-95550-077-1

http://www.welt.de/politik/deutschland/article111470452/Die-Ehe-hat-nur-noch-eine-Fifty-fifty-Chance.html

http://investigativ.welt.de/2013/11/03/black-box-prostitution/

http://www.rantlos.de/fitness/gesundheit/mehr-wissen-mehr-fuehlen.html

http://de.statista.com/statistik/daten/studie/38280/umfrage/umsatz-der-suesswarenindustrie-in-deutschland-seit-1962/

http://www.bild.de/leute/2007/alter-feiglinge-1371066.bild.html

http://www.tattva.de/die-polaritat-der-geschlechter-3

http://utebenecke.de/der-mann-ist-zu-schnell-die-frau-zu-langsam-wie-soll-das-nur-zusammen-gehen/

http://www.stefan-hagen.com/

Ehe ohne Sex –

Wenn die Krankheit kommt, darf die Liebe bleiben

Arbeitsbuch 2

Geht die Liebe verloren, nur weil wir uns nicht mehr miteinander verbinden können? Welche Bedeutung räumen wir der Sexualität ein und was wissen wir über die Liebe? Diese Fragen stellt sich die Autorin Mina Urban sehr oft. Immer wieder wenden sich Betroffene jeglicher Couleur an sie, um ihr von den Kompromissen ihrer Liebe und der nicht vorhandenen Sexualität zu berichten.

Seit 2014 schreibt Mina Urban über die Ehe ohne Sex. Immer wieder wird ihr entgegnet: „Eine Ehe ohne Sex, das ist keine Ehe." Oder „Ohne Sex, das ist kein Leben!"

Dieses Arbeitsbuch, ist das dritte ihrer „Ehe ohne Sex Serie". Es dient als Werkzeug, um sich den Herausforderungen einer Beziehung, in der Krankheit eine Rolle spielt, zu stellen. Bist du bereit deine Liebe, deine Ehe und letztlich auch deine Sexualität zu hinterfragen, um damit eure Liebe zu stärken?

ISBN 978-3-96014-426-7
Preis: 12,90 Euro

www.edition-winterwork.de

Ehe ohne Sex –

Das Arbeitsbuch

Die 1. Hilfe, wenn der Sex wegbleibt

Du lebst in einer Ehe mit weniger als drei Mal Sex im Jahr, oder gar ganz ohne Sex? Das ist dir zu wenig, doch du kannst mit deinem Ehemann, deiner Ehefrau nicht darüber reden. Weil du dich nicht traust, oder weil dein Partner „mauert"? Das ist oft der Fall wie uns die Autorin Mina Urban versichert. Wir reden viel zu wenig und vor allem haben wir es nie gelernt über unsere Gefühle und Bedürfnisse zu reden. Ehe ohne Sex – Das Arbeitsbuch bietet dir, die erste Hilfe die du jetzt brauchst. Bist du bereit deine Liebe, deine Ehe und letztlich auch in deine Sexualität zu hinterfragen? Dann beginne jetzt!

ISBN 978-3-96014-312-3
Preis 12,90 Euro
www.edition-winterwork.de

Der Roman, mit dem alles begann:

Verschmähte Träume

Roman von Mina Urban

Sechs vom Ehemann eigenmächtig eingekaufte Dosen Linsensuppe mit Essig stellen den Essensplan und damit die ganze Welt der fürsorglichen Hausfrau und Mutter Sabine total auf den Kopf. Sie zweifelt an sich, an ihrem Aussehen, an der Wertschätzung durch ihre ganze Familie und damit an ihrer Ehe.

Sie hat schon lange keinen Sex mit ihrem Mann. Immer wieder schlägt ihre ungestillte Sehnsucht nach einem erfüllten Liebesleben durch. Dem ihrer Meinung nach ultimativen Schlüssel zum heimischen Glück.

Ein „Seelenmann" soll sie retten, doch er bringt nicht die ersehnte Erfüllung sondern fordert Sabine heraus: „Liebst du dich selbst?" Mit dieser Frage muss sie sich auseinandersetzen.

Wie Sabine schließlich den Rank mit ihren Lieben findet, dürfte für Leserinnen und vor allem für Leser sehr aufschlussreich sein.

ISBN 978-3-944354-13-2

6,95 Euro erschienen im Wittgenstein Verlag 2014

http://wittgenstein-verlag.de/buecher/verschmaehte-traeume.php

 **Mina Urban** ist Schriftstellerin und Coach.

Bereits 2012 erschien ihr erstes humoristisches Buch zum Thema „Weiblichkeit und Frau sein". Vor allem die Ungereimtheiten in der Beziehung Mann-Frau interessieren sie. Ihr erster Roman "Verschmähte Träume" greift das Tabuthema einer Ehe ohne Sex erstmals auf. Auf Grund der Leserreaktionen und ihrer eigenen Erfahrungen suchte sie Menschen, die mit ihr über die Ehe ohne Sex sprachen. Ihr bisheriger Bestseller erschien unter dem vielsagenden Titel: „Ehe ohne Sex, Irrtümer – Erfahrungen – Auswege". Darin räumt sie mit Vorurteilen auf.

Ihre „Arbeitsbücher" dienen als Werkzeug, mit dessen Hilfe sich jeder selbst darüber Klarheit verschaffen kann:

- Wo stehe ich in meiner Beziehung?
- Was sind meine Bedürfnisse?
- Und was macht mir überhaupt Lust?
- Was passiert, wenn Krankheit unser Sexleben stört

In ihren Vorträgen steht nicht die Sexualität, sondern die Liebe im Vordergrund. Wie ist es möglich, lebendig zu lieben? Diese Frage beantwortet sie einfühlsam und zeigt damit, wie lange es dauern kann, dahin zu kommen, sich selbst zu lieben - unabhängig von äußeren Einflüssen.

Auf Grund eines hohen Rankings erhält ihr Blog www.ehe-ohne-sex.de regelmäßig Kooperationsanfragen. Bereits zwei Mal stand sie vor der Kamera (FrauTV, Make Love), sie gibt Interviews für Funk und Presse. 2016 entschied sie sich dafür, Menschen, die in Achtsamkeit und gegenseitiger Wertschätzung den Teufelskreis aus nicht erfüllter Lust und Leiden beenden möchten, zu coachen. Mina Urban legt großen Wert auf Professionalität. Sachlich und einfühlsam schafft sie es, dieses Tabu salonfähig zu machen.

Sie haben drei Möglichkeiten, sie zu kontaktieren:

1. Sie schenkt Ihnen ein offenes Ohr. Das geht anonym auf ihrer Seite: **https://www.ehe-ohne-sex.de/kontakt/** und ist kostenlos. Oftmals hilft es schon, sich einfach mal allen Kummer von der Seele zu schreiben, dabei wird einem selbst sehr vieles klar. Sie wird Ihre Geschichte lesen.

2. Sie kaufen sich ihre Bücher zum Thema **„Ehe ohne Sex"**, die es überall im Buchhandel und im Onlineversand gibt. Diese kosten **12,90 Euro** als **Taschenbuch** (oder - noch günstiger- für **9,99 Euro** als **E-Book**). Darin können Sie nicht nur ihre Geschichte und die vieler Betroffener lesen, sondern Sie bekommen auch jede Menge Fragen zum Nachdenken und Lösungen zum selbst erarbeiten.

3. Die beliebteste und effektivste Möglichkeit, Lösungen zu finden, sind drei Telefonate zu je 20 Minuten innerhalb von vier bis sechs Wochen. Das Telefon sichert Ihre Anonymität.

Bei dem Gespräch werden Sie gezielt mit Mina Urban an Ihrem Anliegen arbeiten. Sie können ihr dazu vorab eine Mail schicken, um den Sachverhalt zu erklären. Bei jedem Menschen ist es anders und spannend. Unmittelbar danach überlegt sie Strategien und Fragen, um Sie aus der Reserve zu locken.

Der Ausgleich hierfür wird per Vorkasse geleistet. Das Geld können Sie per Paypal oder gegen Rechnung vorab überweisen. Sobald Mina Urban die Überweisung erhalten hat, vereinbart sie mit Ihnen die Termine für die Telefonate. Zu diesem Zweck erhalten Sie eine Festnetznummer. **https://www.ehe-ohne-sex.de/beratung/**

Was sind Sie bereit, in Ihre Ehe zu investieren?

Die Wahl liegt bei Ihnen. Sicher finden auch Sie bei mir das passende Angebot.

Es freut mich sehr, von Ihnen zu lesen.

Ihre Mina Urban